U0494042

"十二五"国家重点图书出版规划项目

文化系列

天童禅寺史话

A Brief History of Tiantong Temple

戴光中 著

《中国史话》编辑委员会

《天童禅寺史话》编辑委员会

总 序

中国是一个有着悠久文化历史的古老国度，从传说中的三皇五帝到中华人民共和国的建立，生活在这片土地上的人们从来都没有停止过探寻、创造的脚步。长沙马王堆出土的轻若烟雾、薄如蝉翼的素纱衣向世人昭示着古人在丝绸纺织、制作方面所达到的高度；敦煌莫高窟近五百个洞窟中的两千多尊彩塑雕像和大量的彩绘壁画又向世人显示了古人在雕塑和绘画方面所取得的成绩；还有青铜器、唐三彩、园林建筑、宫殿建筑，以及书法、诗歌、茶道、中医等物质与非物质文化遗产，它们无不向世人展示了中华五千年文化的灿烂与辉煌，展示了中国这一古老国度的魅力与绚烂。这是一份宝贵的遗产，值得我们每一位炎黄子孙珍视。

历史不会永远眷顾任何一个民族或一个国家，当世界进入近代之时，曾经一千多年雄踞世界发展高峰的古老中国，从巅峰跌落。1840 年鸦片战争的炮声打破了清帝国“天朝上国”的迷梦，从此中国沦为被列强宰割的羔羊。一个个不平等条约的签订，不仅使中国大量的白银外流，更使中国的领土一步步被列强侵占，国库亏空，民不聊生。东方古国曾经拥有的辉煌，也随着西方列强坚船利炮的轰击而烟消云散，中国一步步堕入了半殖民地的深渊。不甘屈服的中国人民也由此开始了救国救民、富国图强的抗争之路。从洋务运动到维新变法，从太平天国到辛亥革命，从五四运动到中国共产党领导的新民主主义革命，中国人民屡败屡战，终于认识到了“只有社会主义才能救中国，只有社会主义才能发展中国”这一道理。中国共产党领导中国人民推倒三座大山，建立了新中国，从此饱受屈辱与蹂躏的中国人民站起来了。古老的中国焕发出新的生机与活力，摆脱了任人宰割与欺侮的历史，屹立于世界民族之林。每一位中华儿女应当了解中华民族数千年的文明史，也应当牢记鸦片战争以来一百多年民族屈辱的历史。

当我们步入全球化大潮的21世纪，信息技术革命迅猛发展，地区之间的交流壁垒被互联网之类的新兴交流工具所打破，世界的多元性展示在世人面前。世界上任何一个区域都不可避免地存在着两种以上文化的交汇与碰撞，但不可否认的是，近些年来，随着市场经济的大潮，西方文化扑面而来，有些人唯西方为时尚，把民族的传统丢在一边。大批年轻人甚至比西方人还热衷于圣诞节、情人节与洋快餐，对我国各民族的重大节日以及中国历史的基本知识却茫然无知，这是中华民族实现复兴大业中的重大忧患。

中国之所以为中国，中华民族之所以历数千年而不分离，根基就在于五千年来一脉相传的中华文明。如果丢弃了千百年来一脉相承的文化，任凭外来文化随意浸染，很难设想13亿中国人到哪里去寻找民族向心力和凝聚力。在推进社会主义现代化、实现民族复兴的伟大事业中，大力弘扬优秀的中华民族文化和民族精神，弘扬中华文化的爱国主义传统和民族自尊意识，在建设中国特色社会主义的进程中，构建具有中国特色的文化价值体系，光大中华民族的优秀传统文化是一件任重而道远的事业。

当前，我国进入了经济体制深刻变革、社会结构深刻变动、利益格局深刻调整、思想观念深刻变化的新的历史时期。面对新的历史任务和来自各方的新挑战，全党和全国人民都需要学习和把握社会主义核心价值体系，进一步形成全社会共同的理想信念和道德规范，打牢全党全国各族人民团结奋斗的思想道德基础，形成全民族奋发向上的精神力量，这是我们建设社会主义和谐社会的思想保证。中国社会科学院作为国家社会科学研究的机构，有责任为此作出贡献。我们在编写出版《中华文明史话》与《百年中国史话》的基础上，组织院内外各研究领域的专家，融合近年来的最新研究，编辑出版大型历史知识系列丛书——《中国史话》，其目的就在于为广大人民群众尤其是青少年提供一套较为完整、准确地介绍中国历史和传统文化的普及类系列丛书，从而使生活在信息时代的人们尤其是青少年能够了解自己祖先的历史，在东西南北文化的交流中由知己到知彼，善于取人之长补己之短，在中国与世界各国愈来愈深的文化交融中，保持自己的本色与特色，将中华民族自强不息、厚德载物的精神永远发扬下去。

《中国史话》系列丛书首批计200种，每种10万字左右，主要从政治、经济、文化、军事、哲学、艺术、科技、饮食、服饰、交通、建筑等各个方面介绍了从古至今数千年来中华文明发展和变迁的历史。这些历史不仅展现了中华五千年文化的辉煌，展现了先民的智慧与创造精神，而且展现了中国人民的不屈与抗争精神。我们衷心地希望这套普及历史知识的丛书对广大人民群众进一步了解中华民族的优秀文化传统，增强民族自尊心和自豪感发挥应有的作用，鼓舞广大人民群众特别是新一代的劳动者和建设者在建设中国特色社会主义的道路上不断阔步前进，为我们祖国美好的未来贡献更大的力量。

陈奎元

2011年4月

出版说明

自古至今，始终坚持不懈地从漫长的文明进程中不断总结历史经验教训，从中汲取有益营养，从而培植广阔的历史视野，并具有浓厚的历史意识，这是我们中国文化独有的鲜明特征，中华民族亦因此而以悠久的“重史”传统著称于世。在整个人类文明史上独一无二、系统完备的“二十四史”即证明了这一点。

中华人民共和国成立后，历史知识普及工作被放到十分重要的位置。20 世纪五六十年代，著名历史学家吴晗主持编写的《中国历史小丛书》，90 年代中国社会科学院院长胡绳组织编写的《中华文明史话》和《百年中国史话》，成为“大家小书”的典范，而后两套历史知识普及丛书正是《中国史话》之缘起。

2010 年年初，为切实贯彻中央关于“做好历史知识普及工作”的指示精神，同时也为了更好地弘扬中国传统文化，我们对《中华文明史话》和《百年中国史话》

两套丛书的内容进行了修订和增补，重新设计框架，以“中国史话”为丛书名出版。第十一届全国政协副主席、时任中国社会科学院院长陈奎元亲任《中国史话》一期编委会主任，时任中国社会科学院副院长武寅任编委会副主任。正是有了各级领导的关心支持和诸多学术名家的积极参与，《中国史话》一期200种图书得以顺利出版，并广受好评。

《中国史话》丛书的诞生，为历史知识普及传播途径的发展成熟，提供了一种卓具新意的形式。这种形式具有以通俗表述、适中篇幅和专题形式展现可靠历史知识的特征。通俗、可靠、适中、专题，是史话作品缺一不可的要素，也是区别于其他所有研究专著、稗官野史、小说演义类历史读物的独有特征。

囿于当时条件，《中国史话》一期的出版形式不尽如人意，其内容更有可以拓展的广阔空间，为此2013年4月我们启动了《中国史话》二期出版工作。《中国史话》二期分为经济、政治、文化、社会和生态五大系列，拟对中国各区域、各行业、各民族等的发展历史予以全方位介绍。我们并将在适当时机，启动《世界史话》的出版工作。史话总规模将达数千种。

我们愿携手海内外专家学者，将《中国史话》《世界史话》打造成以现代意识展现全部人类历史和人类文明，集学术性、知识性、趣味性于一体的“万有文库”；并将承载如此丰厚内容的史话体写作与出版努力锻造成新时期独具特色的出版形态。

希望史话丛书能在形塑民族历史记忆、汲取人类文明精华、培育现代国民方面有所贡献，并为广大读者所喜爱。

史话编辑部

2014 年 6 月

目录
Contents

序

夫天地清灵之气，静者成山，动者为水，人得两间之灵秀统摄，常自得为名山大川之主。言仁言知，方内圣人之则也；谓清净、谓广长，方外至人之化也。要之，山川无有不灵秀，在乎领略者即性即心。是以天童古刹，太白胜景，纳贤士而辐辏，洒宸翰以崔嵬，天下禅者，莫不以参之为幸也。

古来天童，即以高僧辈出而闻名。初祖义兴，童子辛劳。晋唐以降，禅栖转高；中有清闲，披荆斩棘。咸启改瞻，禅刹昭昭。宏智正觉，渊默雷声，法越宗珏，曹洞浩浩。人言宝坚似北宸，云门值惟白而光耀；皆道清简如孤月，法眼期子凝以辉煌。普交说法，将错就错；慈航示众，花红菜黄。彼应庵兮，漫天布网；其无用兮，机境都忘。正法眼兮破砂盆，廓顶门兮密庵藏。一吼无尘，千丈西江；

宠膺三锡，名动上方。痴绝道冲，兼席广利，来往两山兮，双雕一箭难得；长翁如净，法授道元，并宗曹溪兮，中日法源绵长。心镜散花斛食，化馒头以饲蟒；密云慧眼独具，礼弥勒于斋堂。虚庵简翁寂寂兮，建阁而名“千佛”；宏智宗杲谦谦兮，立亭而名“揖让”。适当清兵耀武，会兹净侣彷徨。木陈道忞，泉声泠泠，破山海明，悟彻革囊。及至清末民初，屹狮座兮寄禅，燃指乎真藏，护法卫教而归西，得名誉以垂芳。圆瑛明旸，爱国安僧，弘宗演教，法传诸方。

宗教政策恢复之现代，广修退居，戮力复建，天童古貌，初步显扬。千禧之年，本人来山，如履薄冰，忝居方丈；新建扩建，集思广益，弘法利生，本分不忘。

是以儒门杰，释氏雄；决曹溪，浪翻空。及大明而大用全彰，生云壑而继天泉法王。天童自建寺以来，屡因荷担有人、空山绝响而受封。南宋嘉定，敕赐为“禅院五山十刹”中五山之第三山；明时敕封为天下禅宗五山之第二山；清季则与镇江金山、扬州高旻、常州天宁并称禅宗四大丛林。此等名冠禅林、宗风代振，引致“王公大人，常游其中；衲子奔辏，如水就下”。是故千七百年几太白天童，扬拈花微笑之妙旨；百八零二位堂上先觉，宣以心印心之枢要。

夫子曰：“予欲无言。”又曰：“天何言哉!”故太上无言，其次立言。言所以载道，欲以言求道，而不以心会道，抑末矣！夫至非想药法皆空，佛门之教也。今天童禅寺响应《中国史话》编辑委员会之号召，特礼请宁波大学戴光中教授撰写《天童禅寺史话》，即示以文载道、以言问道之理也。然则以言问道之于无言宣道，境界有异理则同矣。所谓伊人之聿兴，孰有可赞可垂之别焉？千里同风，百世可师。倘闻遐想于今日之天童，焉有不能为人而能为佛者乎！

誠信

2015 年 8 月 11 日于天童丈室

一　东南佛国　太白群峰中

1　青山捧出梵王宫

天童禅寺，位于浙江省宁波市鄞州区。而佛教之传入鄞州，可以说与古代西晋王朝衰败的“永嘉之乱”有关。西晋自武帝太康二年至惠帝永熙元年（281～290），几乎无岁不旱，关中大饥，以致“人多饥乏，更相鬻卖”。接着又有蝗灾瘟疫，死者无数，流尸满河，白骨蔽野。同时爆发了“永嘉之乱”，也称“八王之乱”，以致生灵涂炭，战死、饿死者百万以上。极端严重的天灾人祸，迫使大量难民背井离乡，许多高门巨族也不得不越过长江，迁居南方，史称“衣冠南渡”。他们给南方带来了先进的技术及资金，也带来了中原深厚的儒家文化，还有传入不久的佛教禅宗文化。

也许是因为菩萨保佑，一些僧侣似有预感，未雨绸缪，先行一步到了江南。西晋太康三年（282），有一位来自并州的慧达和尚，在鄞州求得了佛舍利，后来建成阿育王寺。西晋永康元年（300），又来了一位法名义兴的僧人。虽然不知他是何方人士，在哪个佛寺出家，但基本上可以肯定，他来自灾祸频仍、朝不保夕的北方，之所以看中了尽管荒僻，却很宁静的鄞州，正是因为这里是安心向佛的好去处。他在距离阿育王寺不算太远的崇山峻岭中，披荆斩棘，结茅为舍，开始修行传教。于是，中国佛教禅宗史上声名显赫的天童禅寺，就这样诞生了。从此香火不断，信徒日众。千百年后，其高僧之辈出、禅学之渊博、规模之恢宏、殿堂之雄伟，在华东地区少有与之媲美者，所以很早就被称誉为“东南佛国”。历代皇帝多有敕赐，朝廷钦定的官寺最高等级——禅宗“五山”“四大丛林”，而天童禅寺均占一席。

天童禅寺坐落在鄞州东南的太白山中。此山名与义兴祖师直接相关。义兴祖师曾在此修行。当时这一带云深路僻、人迹罕至，生活上自然万般艰难。可谁曾料到，竟有一个少年童子，每天送来饭食，使他可以专心修行，不必为一日三餐操心费力。义兴祖师安之若素，从来不问少年童子来自哪里，为何会送饭送水。直到义兴弘法有成后，少年童子向他告辞时才自报家门：我是天上的太白金星，玉皇大帝很欣赏你这不怕千辛万苦、一心向佛弘法的精诚，因此派我下凡，化为童子，帮助你度过这筚路蓝缕的艰困阶段。说完，童子就消失不见了。义兴祖师显然没想到，自己的精诚竟会感动道教的神仙，顿时大受感动，把自己的修行处命名为“太白精舍”。后人听闻这个传说后，也为佛、道二教互相支持的精神所感动，遂用“太白”来命名天童禅寺所在的整座山脉，以期精神永存。

古人有句老话：“天下名山僧占多。”听起来颇有点儿埋怨他们多占了优质资源的意思。其实，这是本末倒置。正是由于僧人们的辛勤劳动、锲而不舍，才使原来的荒山野岭慢慢地变成了令人向往的名山，然后才有骚人墨客，前来观山赏景，

天童禅寺全景

吟诗作画，进而有了“十景”“八景”，使其名气更大。天童禅寺与太白群峰，就是最佳例证。

太白山属于天台山脉，经宁海、奉化绵延至鄞州境内，历金峨山、福泉山，越大嵩岭，然后在东海之滨崛起而形成。其核心是挺拔峻伟的太白峰，左右有东峰、中峰、乳峰、钵盂峰、聿旗峰、玲珑岩诸山，若从空中鸟瞰，仿佛簇拥环抱着一座弥勒；而天童禅寺，恰巧坐落在弥勒菩萨的肚脐上。

太白主峰雄尊独秀，向东可远眺东海日出，向西可瞻望甬城烟尘，向南可观赏钱湖波光，向北可探视北仑巨舶。而当雨后放晴或晨光熹微之际，横于山腰的云雾，时而凝固不流、揉成万团棉絮，时而奔流如梭、缭绕峰崖之间，使太白诸峰时隐时现，时浓时淡，虚无飘渺，仿佛此景只应天上有。这就是古人所谓《太白十景》之一的“太白生云”。而近代高僧太虚，更有诗赞这一方佛门宝地：

> 巍巍一太白，独冠万山雄。云压金峨白，霞蒸玉几红。松杉青掩映，岩石碧玲珑。苦行感星宿，深林涌梵宫。钟声流远籁，花雨散遥空。大法宏临济，单传继少嵩。甬中称佛地，宇内仰禅宗。棒喝谁能会？诸方拜下风。

不过，现存历史上第一篇描写这方佛门宝地的名诗，是北宋政治家、文学家王安石的《咏天童山》。这位年轻的鄞县知县，在这里大展宏图之暇，特别爱访天童寺，并在庆历八年（1048）写下了这首脍炙人口的七绝：

山山桑柘绿浮空，春日莺啼谷口风；

二十里松行欲尽，青山捧出梵王宫。

这篇佳作以动态的视觉冲击力，展示了天童禅寺恢宏的规模、寥廓的气势，给人以无限的想象空间。而在这段行程中，其实还有铁蛇关、万松关、清关之“三关”和伏虎亭、古山门、景倩亭之“三门”等传统胜迹。

与太白群峰遥遥相对的是一座小白岭，岭上有一座“五佛镇蟒塔”，俗称“小白塔”。相传唐大中年间，岭上有巨蟒作祟，为害行人。天童寺住持藏奂禅师规劝它弃恶从善，莫伤生灵，并蒸制馒头五百担喂食。不久蟒死，藏奂禅师依法将其焚化，埋于岭上，并筑塔镇之。塔周还有一些石馒头，表白里黑，相传为大蟒食余馒头所化。而前来天童禅寺烧香礼佛的信徒或是游客，他们首先要过的就是这“铁蛇关”。

过了小白岭，就是逶迤二十里的松荫通道，道口立有“万松关古迹”碑石。夹道青松始植于唐乾元二年（759）；再植于宋大中祥符年间（1008～1016）；三植于明永乐十三年（1415）；四植于清顺治十七年（1660）；1979年重又补植，恢复了万松关千年古迹。两旁古松成屏，苍鳞虬干，青翠参天，碧盖蔽日，绿荫铺地，即使在炎夏盛暑，依然有清风拂面，甘露沐身，尘襟顿消之感。人们行走在“开青辟翠两行松”之间，依次穿过伏虎亭、古山门和景倩亭这三道山门，大有“未见梵天楼阁露，深深先有出云钟”之感，于是这里就成了“太白十景”之“深径回松”。

五佛镇蟒塔

最后一道"清关"，是一座石砌小桥，桥名"清关"，架在一道不宽却颇为深邃的谿壑上。每当雨霁天晴，百泉归壑，溪水暴涨，雪浪翻滚。关口之水喷涌而下，跌落谷间，形如素练倒挂，声若洪钟齐鸣，蔚为壮观。所以人称"清关喷雪"，也是“太白十景”之一。但这一美景的设置，实际上隐含禅宗修持的“三关”境界。高僧圆悟曾叹息道：“桥水原无清与浊，只缘到此别人间。虽然都打桥中过，未审谁人透此关。”后来僧人隐禅参透顿悟，写下了“清溪如带锁禅关，雪浪奔腾乱石间。自有天机藏不住，一时喷出万重山”的诗句。

走过清关桥，四周青山终于捧出了梵王宫。而首先映入眼帘的，是两座巨大的放生池。它们始浚于唐至德二年（757），因施工浩繁，故名“万工池”。碧潭凝重而清澈，须眉可鉴，又称“双镜池”。水中千嶂倒插，天光云影映现其间，恰似一幅奇秀画卷。据说，某个月明星稀之夜，普陀山观音大士曾现身于玲珑岩，也映照在双镜池中，后被传为佛门佳话，故成为“天童十景”中的“双池印景”。

内外万工池之间，有玲珑小巧的七座佛塔，并排而立；中塔六角七层，两旁六塔鼓腹圆形。七佛塔乃七星之象，由宋代高僧正觉建造，其色四白三赤，有“白以生水，赤以压火”之说。明万历丁亥年（1587），七塔被洪水冲圮，明崇祯年间（1628～1644）重建。现在的七佛塔为1980年所建；1995年又在外万工池之南面新置七塔。而内万工池之北，则是书有“东南佛国”的照壁，似乎在庄严地欢迎来自五湖四海的香客与游人。

天童禅寺坐北朝南，依山而筑，层层递升，建筑雄伟，气势轩昂。寺院占地面积7.64万平方米，建筑面积为2.88万平方米，拥有殿、堂、楼、阁、轩、寮、居、室30余幢，旧说共计999间，现存730间。而现存的殿宇规模，基本保持明时格局，布局严谨，造作精良，疏密相间，有藏有露，主从有致，相互为衬。

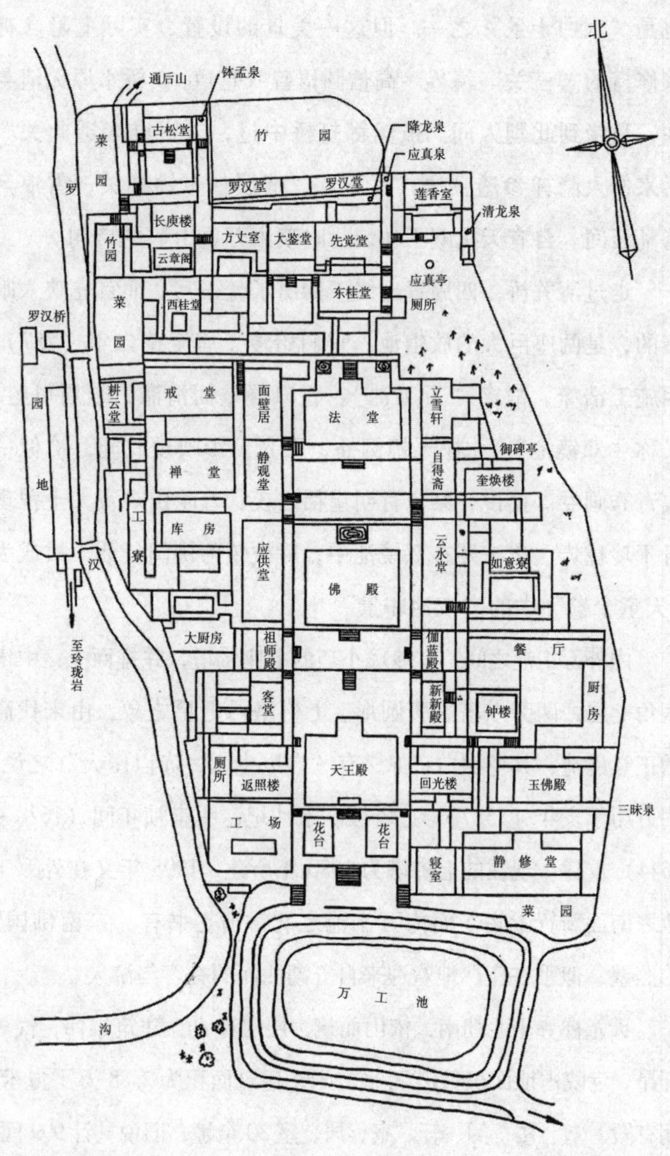
北
通后山
钵盂泉
古松堂
竹 园
降龙泉
应真泉
菜 园
罗
罗汉堂
罗汉堂
莲香室
清龙泉
长庚楼
方丈室
大鉴堂
先觉堂
竹园
云章阁
应真亭
东桂堂
菜 园
西桂堂
厕所
罗汉桥
园
地
耕云堂
戒 堂
面壁居
法 堂
立雪轩
御碑亭
禅 堂
静观堂
自得斋
奎焕楼
工 寮
库 房
应供堂
云水堂
如意寮
汉
佛 殿
至玲珑岩
大厨房
祖师殿
伽蓝殿
餐 厅
客堂
新新殿
钟楼
厨房
厕所
返照楼
天王殿
回光楼
玉佛殿
三昧泉
工 场
花台
花台
寝室
静 修 堂
菜 园
万 工 池
沟
天童禅寺平面图

中轴线上，由南而北垂直排列，依次为天王殿、佛殿、法堂（藏经楼）、先觉堂、罗汉堂；东轴线上，有新新堂、伽蓝殿、云水堂、自得斋、立雪轩；西轴线上，有清规堂、祖师殿、应供堂、静观堂、面壁居。偏殿两掖，按照地形起伏，另建有钟楼、禅堂、戒堂、奎焕楼、回光楼、返照楼、库房、如意寮、大鉴堂、方丈室、东桂堂、西桂堂、长庚楼、古松堂等诸多垛殿寮室。

立雪轩

天童禅寺崇楼杰阁，廊房栉比，千楹万础，形成规模宏大、结构精致之佛寺建筑群体。主体殿堂宏伟，场面开阔，飞檐翼角，秀丽挺拔。屋面重檐歇山顶，筒瓦骑缝，饰以鸱尾脊兽，古朴庄重。两翼偏殿，配置对称，体量较小，高度亦低，取重檐人字坡屋面，布阴阳瓦，素雅而稳重，与中轴殿堂相峙，互为衬托，益显主体殿堂雄伟庄严。

中轴线上第一殿堂“天王殿”，是明崇祯八年（1635）由住持圆悟禅师创建，1932 年毁于大火，1936 年由住持圆瑛禅师重建。殿面宽 31.8 米，进深 23.65 米，通高 19.6 米，建筑面积为 924 平方米，重檐歇山顶，飞檐翘角，出檐深远。殿顶正脊中设圆镜佛光，两端吻龙吞脊，形制庄丽。殿前月台宽敞，勾栏齐正，中设垂带踏跺，与殿堂相接。一对依门抱鼓石体态宏伟，雕琢精致。殿堂高峨宽敞，金柱圆周达 1.8 米，础石呈鼓形。正中石座龛上，前后供奉金装弥勒和韦驮。两边列坐彩塑四大天王，每尊像高 6.65 米，雄冠重胄，神态威武。殿檐间悬“天王殿”匾额，为明末住持圆悟禅师手书。

“天王殿”后是“佛殿”，亦由圆悟禅师在明崇祯八年（1635）重建，清康熙四十年（1701）和咸丰三年（1853）两次重修。殿面广 36 米，进深 27.16 米，通高 20.5 米，建筑面积为 1200 平方米。飞角重檐，歇山顶，殿面筒瓦骑缝，沿口勾头滴水。正脊中间饰置双鲤跳水，两端鸱尾吻脊，垂角脊兽完备，形象秀美。大殿梁柱用材硕大，堂内立柱 26 根，其中金柱圆周 2.42 米。额枋雕作简洁，斗拱装饰疏朗，当心间采用减柱做法，使殿堂空间更为敞朗，以利布置佛像、佛具和礼行佛事活动。正中佛坛上，供奉金身如来 3 尊，高 9.37 米，结跏趺坐于莲座上，阿难、迦叶恭立两旁。佛后影壁三间，上齐殿顶，背面雕漂海观音和 500 罗汉群像。东、西两壁为十八罗汉坐像，形态各异，栩栩如生。佛殿为一寺之中心，乃寺众朝暮礼诵和启建盛大法会之场所。

“佛殿”之后是“法堂”，屡毁屡建。现存建筑于 1932 年由住持圆瑛法师翻建成楼。面广 36.6 米，进深 19.72 米，高 17.6 米，建筑面积为 1584 平方米。重檐歇山式，翼角平缓，屋顶无正脊，构筑朴实规正。楼下法堂，为禅林演布大法，皈戒集会之堂。堂中设高台，中置座椅。座后板屏上绘雄狮图，象征“演法无畏，犹狮子吼。其所讲说，乃如雷震”。楼上做藏经楼，内置《龙藏》经籍十大橱。中设佛堂，供奉清顺治御赐镏金药师铜佛一尊。梁上枋间，悬有赵朴初、戴传贤、陆廷黻、王一亭等名家手书匾额 10 余块。

中轴线上，“法堂”之后“先觉堂”，最后“罗汉堂”。由于依山而筑，层层递升，所以每座殿堂之前都有一个或大或小的平台，而“法堂”之前的平台最为宽广。它本意是为了便于夏日晒经，也便于召开盛大法会。不料，有僧人偶然发现：每当皓月悬空之夜，平台上清晖如泻，银光铺地，一派恬静清幽。若是披衣夜起，倚栏远眺太白夜景，但见苍茫山谷，万籁俱寂，皎洁长空，月色朦胧，夏听清泉，冬映白雪，美妙情趣，令人神往。这就是“太白十景”中唯一处于寺内的景观——“平台铺月”。

2 人间正道是沧桑

改革开放后，宁波发生了翻天覆地的变化，先后成为国家的沿海开放城市、副省级城市、计划单列市。鄞州也成为综合经济实力的典范，经济、社会各项指标，连续多年走在全国百强县（区）的前列。而东南佛国，也在经历“十年浩劫”之后，涅槃重生，佛光倍增。寺院建筑全面整修；被毁佛像重塑金身，并增添了若干圣迹。2012年，天童禅寺被国家文物局列入中国世界文化遗产预备名单。而天童禅寺以其悠久的禅宗人文与优美的自然景观的结合，兴建了“天童国家森林公园”。佛光普照，祥和安泰，太白山区走在了生态和谐与社会休闲时代的前列。

天童禅寺东侧，有一“云水堂”，始建于明崇祯九年(1636)，1959年重修。堂中供奉药师佛，为十方行脚、参修僧人挂搭之居所，因他们居无定所，悠然自在，往来如行云流水，故以“云水堂”名之。1980年11月17日，“日本道元禅师得法灵迹碑”在这里建立。以日本曹洞宗管长、大本山永平寺贯首秦慧玉为名誉团长的参拜团一行近百人，来寺参加揭碑法会。“日本道元禅师得法灵迹碑”这一新的圣迹，是天童禅寺作为日本曹洞宗祖庭之象征，也证实了这里曾是宋代海上丝绸之路的重要交流基地。

天童禅寺西侧，有一“西桂堂”，其与“云水堂”同时建成，清光绪十一年（1885）毁于火灾，同年修复；1959年又遭火灾；1990年由旅居香港、笃信佛教的陈廷骅出资重建。堂内设佛堂，供奉西方三圣。堂前庭院，栽有两棵枝茂叶盛的桂树；堂后庭院，建有两座建碑亭，一座就是传法于道元禅师的天童禅寺方丈的《先觉如净禅师崇恩碑》，另一座是《寂圆禅师参学碑》。

天童禅寺内，颇具特色的建筑还有钟楼、奎焕楼、御碑亭、玉佛殿。

虽然各大寺庙一般都有钟楼，但像天童禅寺的重达7.5吨且钟身上铸有《金刚经》文的大铜钟，实属罕见。钟楼由住持圆瑛禅师于1936年重建，楼体平面呈正方形，上下三层，外观卓荦昂举，形态雄健壮丽。其通高20米，建筑面积为817平方米。该建筑为重檐歇山顶楼阁，层层飞檐，翼角四翘，各衔风铃，随风作响。楼内设盘旋扶梯，可逐层上达。三层梁间悬挂着这口“金刚大铜钟”，据说撞一下钟就等于念了一遍《金刚经》。

奎焕楼又称御书楼，在法堂东首、立雪轩前侧，为敬奉御赐佛像和恭藏宸翰、书画、御笔之重地。清康熙七年（1668）建成这所庭院式楼房，建筑面积为696平方米，楼前庭院，檐廊卷蓬顶，东西墙面马头式，屋檐戗角微翘，构筑规正。而御碑亭就在奎焕楼后庭，建于清康熙十八年（1679），面积为13.6平方米。亭内三面壁间，嵌立清顺治、康熙、雍正皇帝敕赐天童禅寺的御书、诏书、御札碑刻共五方。

玉佛殿在钟楼前面，小巧而幽静，原名东禅堂，始建于明崇祯十三年（1640），1933年由住持圆瑛禅师重建。殿堂正中佛龛内，供奉着一尊玉质卧佛——释迦涅槃像，其精致绝伦，观之思之，令人浮想联翩，感慨万千。

寺内的另一特色是泉水，诸如弘法泉、楞严泉、体净泉、潜源泉、应真泉、降龙泉、青龙泉、钵盂泉等，潜流在建筑群下，涓涓渗入万工池。泉水多含矿物质，芬芳清冽，甘醇可口，注水杯中，凸出杯面而不溢；投硬币于泉井，能托起不沉。而诸泉中尤为著名的是弘法泉，位于佛殿后庭，系明代圆悟禅师所浚。1914 年住持净心禅师重加修筑，周砌护石，围以栏杆，内垒假山。泉水涝不盈、旱不涸，放养金鳞，以供观赏。

佛殿前月台下有一株较为稀有的“唐柏”。它种植于唐至德二年（757），即寺院从东谷迁来之时。明万历十五年（1587）七月廿一日，风雨骤作，山洪暴发，冲毁天童禅寺，础砾无存，而古柏也显枯瘁。崇祯四年（1631）圆悟住持天童禅寺，枯柏竟渐渐苍翠而复荣。时人都说：“枯柏复荣，兆本山中兴之瑞。”又据说，风来时古柏会振吼，宛肖狮子，所以称之为“狮子柏”。如今，狮子柏苍颜古朴，老而不衰，依旧生机盎然，象征着天童禅寺历久弥新。

佛殿与唐柏

“天童十景”之一“东谷秋红”，指的是义兴祖师开山结茅之地的风光。沿着天童禅寺东侧溪涧而上，幽幽山径，迂回曲折。经青龙岗约 2 里，至乳峰下东谷，亦即“古天童”旧址。四山环合，峪谷幽深，松林秀竹，杂以枫树榆木。深秋傍晚，谷间坡下，红叶片片，煞是好看，因而得名。早年古迹甚多，经千载沧桑，多遭毁圮。而今仅遗宋宏智禅师《妙光塔铭》碑碣一方。1985 年，普同塔院在此建成。塔院为三开间高平屋，建筑面积为 112 平方米。每间均设牌位龛，龛下各有骨灰穴。翌年，这里重建了太白精舍，为五开间仿唐大盖顶殿宇建筑，建筑面积 228 平方米。中间三间设殿堂，供奉释迦牟尼佛，两偏作僧寮。堂前为檐廊，廊前有庭院，面积约 160 平方米。1989 年，在太白精舍东首重建“开山始祖义兴祖师之塔”。塔幢高 2 米，青石雕琢，六面三层莲花座。同时同地建成的还有“宋中兴正觉祖师之塔”，形制也是同一模式。1994 年，又在太白精舍之南建安养塔院，楼房 8 间，高 9 米，宽 30 米，建筑面积 540 平方米，为安放四众弟子骨灰盒之所。它们掩映在苍松翠竹之中，山青窗绿，流云绕户，令探幽访古者不能不“停车坐爱”，瞻仰缅怀，大发思古之幽情。

去东谷要经过青龙岗，这里也是青山环抱，古木簇拥，更有梅花丛中的数楹屋宇，叫作冷香塔院。其是中华佛教总会首任会长、天童禅寺方丈敬安的藏骨之处。塔院始建于 1910 年，1912 年敬安法师在北京圆寂，归葬于此。“文革”期间其被夷为平地，1991 年重建。塔院以青石垒成，围墙内建石塔、石亭。石亭名为“嚼梅”，中立碑石，正面镌刻敬安和尚德相，碑阴重刻敬安旧作《冷香塔自序铭》。亭柱镌刻楹联四对，其中之一系原中国佛教协会会长、书法家赵朴初撰书：“明月挂寒空，般若心传，冷香飞上诗句；法云兴旧塔，洞庭波送，悲光流遍神州。”亭后立石塔一座，中书“寄禅老和尚之塔”，两旁刻圆瑛法师旧作对联：

一片慈云护太白，

冷香塔锁万松关。

与青龙岗相对应，天童禅寺南面有一青凤岗；又与冷香塔院相对应，这里有一圆公塔院。这也许是巧合，也许是有意为之。圆公塔院是中国佛教协会首任会长、天童禅寺方丈圆瑛法师的藏骨之处。1953 年圆瑛法师在本寺圆寂；1957 年“圆公塔院”建成；“文革”时期被毁；1983 年重建。塔院黄墙青瓦，居于岗墩，院前两棵青松对峙，颇具气势。院内花木扶疏，正中为报恩殿，殿内并列三座精致石塔，中间即为圆瑛灵塔，塔身镌刻“传临济正宗第四十世”；左侧则是圆瑛高足、天童禅寺方丈明旸法师舍利塔，安奉于 2002 年；右侧一座暂空。再看青凤岗下，修竹如海，郁郁葱葱，山风起处，摇曳多姿，尽显刚柔相济，恰似凤凰翔舞，所以人称“凤岗修竹”，也是“太白十景”之一。而那近旁的“圆公塔院”，无疑让人联想到，修竹的品性正是圆瑛人格的体现。院内有一副长联，表达的正是此意。

太白藏真身，看群峰竞秀，万壑争奇，千秋护住灵塔；

法灯续长夜，诵一吼圆音，三求妙唱，永世宗为至言。

距离“圆公塔院”不远处的南山，早年也有一个塔墓院舍，据说是明代重兴之祖圆悟的藏骨之所。这里依山卓立，碑穹错峙，明窗开豁。无宏大华丽之雄，呈幽静典雅之胜。四面溪回山合，木秀石奇。当夕阳西薄，暮色苍茫时，余晖斜照，坡上青松秀竹，益显葱翠姣绿。文人们便把此地称为“太白十景”之“南山晚翠”。

与圆悟有关的“太白十景”，还有一个“西涧分钟”。西涧俗称罗汉沟。相传圆悟住持打算疏浚西涧时，忽来十八行脚僧，住寺挂搭，听说此事，慨然应承，声称只需让他们坐宿一宵，次日即可开工。圆悟欣然同意。是夜，唯闻西山人声鼎沸，畚锸大作，响彻四野。翌晨往视，涧已告成，而十八僧却不知去向，始知乃十八罗汉所化，遂以“罗汉沟”命名。这个美丽的传说，表达了后人对这位重兴之祖的敬仰和纪念。而所谓“西涧分钟”，是指罗汉沟溪流湍腾，声若雷鸣，使禅寺洪亮的钟声也被分成两半，传向西东。

“天童千重秀，丛林十里深”。其中的“丛林”就是天童国家森林公园，其面积达 778 公顷，建于 1981 年。走过清关桥，万工池旁有石砌步道，循此石径拾级而上，沿途有听涛亭、玲珑洞、玲珑岩、甲寿泉、甲寿坊、磐陀石、悟心洞、飞来峰、拜经台、善财洞、观音洞等名胜，数步一景，峰回路转，翻越数座山头，可直达太白峰顶。峰顶有自然景观龙潭与响石。相传太白龙原在清关桥下，唐藏奂禅师怕行人亵渎，乃咒龙入钵，迁之于此，覆钵而为龙潭。潭水丈余见方，深约五尺，旱不减，涝不增，但今已改建为井。响石在龙潭西面，纵横各五尺许，扣之铿锵有声。清代大学者全祖望有诗咏之：“金庭有动石，四面俱作声；未若此山骨，中含太古清。风静雨亦止，余响犹铿铿。”

天童国家森林公园风光独特，更是一个生态旅游风景区。它不仅以“大树华盖”闻名于世，而且拥有8个典型森林植被群落，其中木荷、栲树常绿阔叶林群落和南酸枣、华东楠等常绿落叶阔叶林群落，是亚热带北部生长最好、最典型的植被顶极群落，具有很高的观赏和科研价值。公园内有种子植物148科506属968种，蕨类植物24科49属114种，苔藓植物48科93属165种，堪称“浙江植物基因宝库”。生态保护领域的权威学者也惊叹其为“无价之宝”，应该列为科普教育基地，让青少年走进公园，了解自然、了解科学，学习人与自然的和谐相处。于是在2006年，公园建成了新景点——标本馆。

其实，佛家素来讲究人与自然的和谐相处。天童禅寺作为景区的重要部分，格外注重保护环境、保护生态，美化修行环境。近年来，寺院配合政府有关部门，做了大量工作，让安营扎寨了20多年的寺前小摊小贩，自觉自愿地搬迁，从而彻底改变了寺院周围长期存在的脏、乱、差现象，使环境真正达到清净美化。每到夏天，寺院还举办“体悟禅慧　和谐人生”暑期学修活动。方丈诚信大和尚亲自宣讲《华严经净行品》《四十二章经》《永嘉证道歌》《达摩二入四行观》《地藏经》《药师经》《信心铭》《盂兰盆经》《般若波罗蜜多心经》，引导僧、俗两众从佛法的角度学习人与自然的和谐相处。因此，天童禅寺荣获了“全国寺观教堂先进集体单位”与“首届全国创建和谐寺观教堂先进集体”称号；方丈诚信大和尚被评为浙江省唯一的“第二届全国创建和谐寺观教堂先进个人”。

目前，天童禅寺正在规划设计“天童山国际禅修中心”。第一期，以现有的天童景区1000亩范围为主，规划为禅修、研究、祖师、养心、专修五院；第二期，以太白山为主，打造与自然生态环保相结合、既有禅修内涵又有天然景观的悲、智、愿、行四大菩萨核心的佛教中心；第三期，以过去天童下院弥陀寺及南山圆悟祖师塔院等历史群寺为主线，打造以佛禅文化与旅游观光为核心的旅游景点，让香客与游客体验观赏名山圣境。

二　丛林屹立　一千七百年

1　唐皇两度赐寺名

开山祖师义兴和尚来到宁波的时候，一切教门佛寺，尚属天造草昧，因此他的生平、语言、行迹均无所闻，出生入灭皆不可考。仅在钵盂峰上有一块“坐禅石”，相传义兴祖师曾在此石坐禅悟心。明代戏剧家、黄宗羲之岳父叶宪祖有诗咏之：“一片磐陀坐自呼，新苔细草未全枯。我来试效南宫拜，石在不知禅在无？”旁边还有一块“佛迹石”，为四寸许之足印，隐约可辨。

尽管如此，义兴祖师所开创的太白精舍的香火却是不绝如缕，延续了整整一个世纪，直至浙东发生“孙恩之乱”。

孙恩祖籍琅琊（今山东胶南县），属于永嘉南渡世族。家族世奉五斗米道，叔父孙泰是道中重要人物，东晋隆安二年（398），被会稽王司马道子诱杀。孙恩逃入海岛，立志复仇。

古山门

翌年，孙恩率众从海岛攻克上虞，乘胜破会稽（今浙江绍兴）。会稽、吴郡、吴兴、义兴、临海、永嘉、东阳、新安八郡群起响应，“旬日之中，众数十万”。年末，新任会稽内史谢琰重兵讨伐，孙恩受挫，退回海岛。隆安四年（400）五月，孙恩登陆浃口（今镇海口），进攻余姚、上虞，所部一路烧杀，殃及太白精舍，百年佛寺毁于一旦（也有人认为是在公元399年，但从史实来看，孙恩当时没到今宁波一带，登陆镇海口更加靠谱）。

太白精舍成于“永嘉之乱”衣冠南渡，毁于南渡世族“孙恩之乱”，也许这就是佛家的因果。

岁月匆匆，如白驹过隙，一晃300多年。其间，“南朝四百八十寺”中是否有新建的太白精舍？隋唐前期可曾有过兴废？均已不得而知。只有到了唐开元二十年（732），史籍上才出现了相关记载——法璿禅师来到昔年义兴祖师结茅之地，在东谷重建太白精舍。显然，这与唐代“开元盛世”关系密切。

唐玄宗李隆基在统治前期政治比较清明，任用贤能，发展经济，文教昌盛，使天下大治，唐朝进入全盛时期，史称“开元盛世”。虽然唐玄宗特别推崇道教，但其宗教思想主张儒、释、道三教同归，所以法璿禅师重建太白精舍，正当其时。

法璿和义兴一样，出生入灭皆不可考，传说其母梦吉祥仙女引行摩利上宫而孕，幼年即出家为僧。其生平行迹有两则要闻流传。一则是“秘书正字万齐融建多宝塔于精舍西南隅”。说明法璿是高僧大德，万齐融非常崇敬，才会来此建塔。法璿曾绕塔夜行，侍者见到他的身影竟与塔身相齐，后被传为奇事。另一则是“义兴故事”的翻版，说法璿每天高诵《法华经》，感动了太白金星，其再次化身童子，下凡供奉。结局是山名“太白”，又被称为“天童”。法璿本人也被称为“太白禅师”或“天童禅师”。

但是，法璿建于东谷的太白精舍，只存在了25年；唐至德二年（757），就迁到了天童禅寺现址。这里被后人称为“古天童”。动迁的直接原因，是原址谷浅地狭，不利拓展；而间接原因，似乎源于紧接着“开元盛世”而后爆发的“安史之乱”。

正所谓否极泰来，或佛家所称因果。曾使唐王朝成为当时世界强国的唐玄宗，统治末期却纵情声色，不理国事，政治腐败，养虎为患。天宝十四载（755），宠臣安禄山与史思明叛乱，南下攻陷洛阳，次年攻克潼关。唐玄宗仓皇出逃，途中在马嵬坡缢杀杨贵妃。太子李亨，北上领导平叛，随即登基，是为唐肃宗，改元至德，尊父亲玄宗为太上皇。而安史叛军，攻城略地“杀人如刈，焚庐若薙”，这就造成了中原地区第二次大规模的“衣冠南渡”。叛军虽也曾想攻打江南，但因许远、张巡等名臣死守睢阳，使南方得以保全。而大量北方移民为南方带来了劳动力、文化和科技，就连太白精舍也是人员大增、财力充盈。这就使天童寺有了迁移的压力和动力，同时也奠定了此后的禅寺基业。

两年之后，唐乾元二年（759），天童寺第一次进入皇室的视野，被敕赐“天童玲珑寺”之名。按照唐代法规，如要成为合法寺院，就需要获得朝廷赐予的寺额，这是所有合法寺院的护身符。

建寺以来首次获得皇帝敕赐，无疑是天童寺的一件大事，其原因值得探讨。据寺志记载，是因为“相国第五琦请于朝”。然而，“相国第五琦”何许人也？无人提及。实际上，根本原因或与当时的行政区划变化有关。

今“浙江”这个政区名称古属江南东道。公元758年，唐肃宗即位的第三年，改号为“乾元”，寓意是开启一个新纪元。同年，他在江南东道下分置浙江东道、浙江西道两个节度使，分辖浙东、浙西诸州，从此才有了“浙江”之称。这一举措，是为了招抚安史降将而增设节度使职位，以便早日结束战事，客观上也是对北方难民云集之地的重视。战乱期间，人命如草芥，自然求来生，佛教势力应运大盛，天童寺的迁移扩展就是明证。所以不难想见，是新任浙东节度使本人或通过唐肃宗亲信，将敕赐天童寺的要求达于帝听的。而皇帝也需要佛教来安抚人心，当时唐肃宗正把禅宗南宗的重要人物神会禅师请到宫廷里供养，并为他在洛阳建造菏泽禅寺。因此，敕赐“天童玲珑寺”也就顺理成章了。

令人不解的是，皇帝为何赐名“天童玲珑寺”？有人认为，这是“以寺旁有玲珑岩，因由朝廷赐‘天童玲珑寺’之名”。诚然，天童寺西侧有一处玲珑岩，跨西涧从曲径循级而上，盘绕登岩巅，约五里许。山径曲折，怪石垒坷，古木飞泉。而倾崖倒嵌，欲下坠，欲上天；苔藓附壁，若蚁穴，若蜂房，千姿百态。这里有玲珑蓬、穿心洞、观音洞、拜经台、盘陀石等名胜古迹。登玲珑岩顶，倏突倏平，古树野藤，云峦相依。在“天童十景”中，“玲珑天凿”最为引人入胜。可当时，佛寺刚刚搬过去，此处有没有“玲珑岩”这一称呼都很难说，哪里会以此作为寺名？

其实，若要理解圣意，只需要把“天童玲珑”看作一个词，指的是太白金星化作童子下凡后玲珑剔透的行状，与“太白精舍”的“太白”是一个意思。清代大学者全祖望在《玲珑岩》一诗中说明了“玲珑”的意思——“洞天东诸峰，太白最居上。其中玲珑岩，小有洞天旷。定是长庚精，巧作辰童状。”

敕赐“天童玲珑寺”的圣旨下达之后，新任住持清闲禅师趁势而为，做了两件大事。一是扩展寺院。因僧人增多，清闲禅师决定建造一座足够大的应供堂即食堂。相传，所需木材是他带着徒众到山顶砍伐的，但苦于运输之艰难，于是他设斋于峰顶，祷天助力。结果，祈祷刚完，天降大雨，泉飞涧溢，那些木材就随着溪流冲下山峰，解决了运输难题。寺僧在新建的斋堂里用膳，当夏若秋，非常凉爽。二是与昙德禅师一道策划并且动手种植了长20里的夹道松，当然，其中包括修建这20里的道路。这项大工程，足以见出天童寺的雄厚财力和住持方丈的宏大魄力。后人曾有诗赞曰："曲径通关拥乱松，虬枝盘错几春冬。似居百万雄师帐，华盖锦幕隔梵钟。"

应供堂

从此，天童寺迈开了走向全国性大丛林的步伐，不到百年，就被朝廷钦定为"十方丛林"。

十方丛林是一种寺庙管理制度。十方指东、南、西、北、东南、西南、西北、东北、上、下；丛林是指众多僧人聚集在一起，并能规律、和合地修学办道，就如树林一般整齐有序，故以“林”作比喻。丛林又称“圣智之林”，亦即将许多有智慧的人才集中在一起。

到了唐代，中国佛教在寺院管理上出现了许多弊端，严重阻碍了佛教事业的健康发展。于是禅宗高僧百丈怀海（720～814）挺身而出，以大改革家的气魄，折中大小乘经律，创意别立禅居，此即丛林之始。他制定了著名的《百丈清规》，规定僧侣在修道的同时，必须参加农业生产，自食其力，过农禅的生活，“一日不作，一日不食”；又规定了“十方丛林”住持的传承方式，即必须邀请名宿住持，并且要由官吏监督选举。

曾经有人断言：“今天之所以有佛教，佛法能够流传，就得益于马祖、百丈师徒二人建立了丛林制度，建立了禅堂，设立了《百丈清规》。”1993 年，中国佛教协会颁布《汉传佛教寺院管理办法》，规定重点寺院须按十方丛林制度建立和健全僧团组织。寺院住持，须根据选贤任能原则，由当地或上级佛教协会主持，经本寺两序大众民主协商推举礼请之；凡全国重点寺院，同时报中国佛教协会备案。

《百丈清规》的出炉，对于积重难返的佛教界来说，无异于一剂对症猛药，可是，尽管朝廷也持积极推行的态度，真正实施起来却谈何容易！而天童寺则是迎难而上。唐大中元年（847），住持咸启禅师主动向朝廷提出，要求把天童寺确定为十方丛林。当时，唐武宗李炎于会昌五年（845）大举“灭佛”，下诏各州郡按期拆毁佛教寺院。第二年，宣宗李忱继位，次年即大中元年，下诏恢复僧寺。因此绝大多数寺院仍心有余悸。他们躲避朝廷唯恐不及，加之，也不愿用《百丈清规》约束自己，在此形势下，天童寺做出此举可见需要何等的勇气和魄力。最后，天童寺获朝廷批准，成为明州第一个“十方丛林”。

遵照《百丈清规》，天童寺诚心延请诸方名德前来担任住持。于是，寺院迎来了第一位具有广泛影响的高僧藏奂。他是南岳系第四代法嗣，制定《百丈清规》的百丈怀海是他的师伯，也就是禅宗史上大革命家马祖道一的徒孙。在他的主持下，天童寺迎来了第一次兴盛。据当时明州的知州崔琪介绍，藏奂说法时，“禅者毕集，环堂拥榻”。他“学识泉涌，指鉴歧分”；“一言入神，永破沉惑”。所以，藏奂禅师被尊为天童寺“开法之祖”。

鉴于咸启禅师的举措，咸通元年（860），新即位的懿宗赐予其“紫衣一袭”。皇帝赐紫衣，始自唐武则天，是世俗政权给予僧人的荣典。咸通十年（869），懿宗“爱屋及乌”，允准浙东观察使杨严的奏请，向天童寺敕赐“天童天寿寺”。这是皇帝的第二次赐名，使天童寺作为著名禅寺的地位得以巩固，声闻遐迩。

2　声誉显赫两宋朝

当历史进入北宋时期，真宗赵恒注意到了天童寺，他认为寺名也应改朝换代，因此，于景德四年（1007），敕赐“天童景德禅寺”，取代了唐懿宗敕赐的“天童天寿寺”。不过，真正引起社会上尤其是士林文人的关注，是在王安石执政鄞县之后。

鄞县是王安石仕途生涯的第一站。庆历七年（1047）上任伊始，他就下乡搞调查研究。《鄞县经游记》表明，他一共走访了14个乡，晚上住宿在寺庙，绝不扰民。有记载的寺庙有慈福院、阿育王寺、旌教院、开善院、天童景德寺、保福寺庄、普宁院、资寿院等。而值得注意的是，其他寺庙包括阿育王寺都是一笔带过，唯独详写了天童之行：“甲申，游天童山，宿景德寺。质明，与其长老瑞新上石，望玲珑岩，须猿吟者久之，而还食寺之西堂，遂行。”篇幅占了全文的1/8，并且提及住持瑞新禅师。

王安石与瑞新禅师一见如故，在鄞期间常相往还，对他的评价很高。他在《涟水军淳化院经藏记》一文中指出：“若甬之瑞新、闽之怀琏，皆今之为佛而超然，吾所谓贤而与之游者也。此二人者，既以其所学自脱于世之淫浊，而又皆有聪明辩智之材。……与之游，忘日月之多也。”又在《书瑞新道人壁》一文中深情地写道：“始瑞新道人治其众于天童之景德，予知鄞县，爱其材能，数与之游。后新主此山之四年，予自淮南来视苏州之积水，卒事，访焉，则新既死于某月某日矣。人知与不知，莫不怆焉！而予与之又久以深，宜其悲也。夫新之材，信奇矣，然自放于世外，而人悼惜之如此，彼公卿大夫操治民之势，而能以利泽加焉，则其生也荣，其死也哀，不亦宜乎！”

作为中国历史上杰出的政治家、思想家、改革家、唐宋八大家之一的王安石，其影响远超佛门，道德文章至今传流，瑞新禅师和天童寺也因此借光，在文人士大夫中声誉鹊起。王安石之后，始有学士墨客题咏天童寺的诗文出现。宋代文人参禅之风极盛，天童寺因此名气大振。

由于天童寺实行“十方丛林”的住持传承方式，住持都是从外寺聘请来的名宿。瑞新禅师就是这样一位高僧。他出身云门宗，嗣法重善，为南岳青原第十世。后来，天童寺又请来一位名气更大的云门宗高僧——佛国惟白禅师担任住持。他俗姓冉，靖江（今江苏省靖江县）人，喜读书，工撰文，淹通广博，尤好禅寂，佛学上的造诣极其精湛。他最初住持龟山寺，后迁汤泉寺。元丰八年（1085），宋神宗赵顼下诏，命惟白禅师去宫中说法。这次说法后，龙颜大悦，敕命其住东京（开封）法云寺，并赐金襕紫衣一袭。虽然宋神宗不久驾崩，但继位的宋哲宗赵煦依然推崇，两次诏其入禁中，登高座说法，可见其地位之崇高。于是天童寺恭请他来住持。

元符三年（1100）宋哲宗驾崩，惟白禅师在福宁殿升座拈香，足见他在皇室中的地位。而继位的宋徽宗赵佶，态度更好。驸马都尉张敦礼将惟白所著《续灯录》30卷进呈宋徽宗。宋徽宗御览后，当即敕令编入《大藏经》；并在建中靖国元年（1101）八月十五日，御笔亲撰《天童景德寺僧惟白续灯录序》，对惟白禅师的人与书大加赞赏。略谓：

惟白探最上乘，了第一义，屡入中禁，三登高座，宣扬妙旨，良惬至怀。昔能仁说《法华经》，放眉间白毫相光，照东方万八千世界。而弥勒发问，文殊决疑，以谓日月灯明佛，本光瑞如此。持是经者，妙光法师；得其证者，普明如来。今《续灯》之名，盖灯灯相续，光光相入，义有在于是矣。……是录也，直指性宗，单传心印，可得于眉睫，可荐于言前；举手而擎妙喜世界，弹指而现庄严楼阁，神通妙用，真不可思议者也。嘉于有众缔此胜缘，俱离迷津偕之觉路，斯朕之志已。

惟白禅师受大宋皇帝如此青睐，实属罕见，天童寺自然也获得无上荣光。

所谓“灯录”，是禅宗创造的一种史论并重的文体，它以本宗的前后师承关系为经，以历代祖师阐述的思想为纬，汇编成禅宗的思想史和师承史，是禅宗的史书。六祖惠能的《坛经》说：“一念善，智慧即生。一灯能除千年暗，一智能灭万年愚。”所以称智慧的传授为“传灯”，而记载“传灯”的历史，即为“灯录”。宋代禅风的一大变化，是从不立文字、直指人心的“祖师禅”，一转而成“不离文字”的“文字禅”。文字禅的突出表现，就是各种“灯录”和“语录”的编纂问世。

灯录是“记言体”著作，与僧传的“记行体”不同。它又是一种特殊的“谱录体”，即按世次记载，只限于禅宗，不像“僧传”那样包罗各门。云门宗佛国惟白撰写的《建中靖国续灯录》，就是分正宗、对机、拈古、颂古、偈颂五门来叙述的，所载人物多达1700余人。因为在他之前，法眼宗道原禅师已经在景德年间著得《景德传灯录》30卷，临济宗驸马都尉李遵勖撰于天圣七年（1029）著得《天圣广灯录》30卷，所以惟白禅师用“续”来界定自己的“灯录”。此后还有两部“灯录”相继问世，分别是临济宗悟明禅师撰于宋孝宗淳熙十年（1183）的《联灯会要》30卷和云门宗正受禅师撰于宋宁宗嘉泰年间（1201～1204）的《嘉泰普灯录》30卷。五部“灯录”，加起来150卷。天童寺培养的高僧普济把这150卷著作整合为20卷本《五灯会元》，“青出于蓝而胜于蓝”，该书成为禅宗史上一部重要的佛学典籍。

大川，奉化人，法号普济，天童寺住持如琰禅师（1151～1225）的高足。据说，大川去见如琰禅师，如琰问：“上座何处人?”大川答：“奉化。”如琰问：“还认识憨布袋吗?”大川去提坐具，如琰夺下坐具便打，大川当下顿悟脱然。这可真是“一智能灭万年愚”!

这位开悟的智者，一生“八迁法席”，最后在杭州灵隐寺编撰完成《五灯会元》。他将“五灯”的实质性内容保留了1/2，卷帙却只剩下1/7还不到，显然是狠下了一番去芜存菁的真功夫，真正做到了简洁精练。语言文字则透彻洒脱、新鲜活泼；如公案语录、问答对语，都是趣味盎然、脱落世俗。但更为精彩的是，“会元”针对禅宗分宗立派，支派繁衍，法嗣散布的现状，摒弃“五灯”把所有宗派都挂在南岳、青原两系下的写法，以七佛为首，次四祖、五祖、六祖，南岳、青原以下，各按曹洞宗、云门宗、法眼宗、沩仰宗、临济宗的传法世系详加梳理，脉络清楚，指掌了然。所以僧俗两界都爱读。元明清以至当代，凡对禅宗感兴趣者，均把《五灯会元》视为入门必读书。

“靖康之难”造成历史上最大规模的北人南移潮。北宋灭亡，南宋第一任皇帝高宗赵构在临安（今杭州）即位，改元建炎。建炎三年（1129），先是“苗刘兵变”，逼赵构退位；接着金兵渡江南侵，害赵构率臣僚逃到越州（今绍兴），再到明州（今宁波）。也许就在此时，他想起了父皇宋徽宗推崇的惟白禅师，在这动乱中专门下旨，敕赐惟白“佛国禅师”之号。皇上赐师号，始自梁武帝，也是世俗政权授予僧人的一种荣典。

惟白禅师圆寂，由天童寺住持正觉禅师接旨照办。而这位正觉禅师，就是后来的“中兴之祖”。他为天童寺做出了不可磨灭的巨大贡献。

时隔半个世纪，天童寺再次荣获皇帝赏赐。淳熙五年（1178），宋孝宗赵昚御书“太白名山”四字赐寺。

这是应史浩的请求而书。史浩是鄞县人，老家就在离天童寺不远的东钱湖下水村，青年时期常来天童寺，听住持正觉禅师倡导“默照禅”，后成了正觉禅师的信徒，与之相交甚笃，也与天童寺结下了因缘。宋孝宗即位后，他官至参知政事、尚书右仆射，曾为岳飞父子平反昭雪，这次又为这座家乡名刹做了这件大好事。而当时坐镇明州的魏惠宪王赵恺，恰好与住持了朴有缘，一见如故，欢若平生，空闲时常来天童寺游玩，顾瞻山林，登玲珑，坐宿鹭，好几天都不忍回去。他对史浩之请事宜，也在父皇跟前大说好话，促成其事。

了朴禅师在寺内专门建造了一座“云章阁”，珍藏御书；另外再建一座“超诸有阁”，两相辉映。宋孝宗赵眘很满意，曾召了朴入内廷问道。

事实上，了朴的确是位得道高僧。他禀质修黑，状若罗汉。初纳戒时，他自我感觉身心轻安，如在空际，让戒师高兴地连连称道“真得上品妙戒矣!”他先后住持明州芦山寺、阿育王寺、海上万寿寺、应山寺。隆兴元年（1163）太守闻其道风，命住持天童寺。据传那天夜里，天童寺的老和尚们都梦见一位铁罗汉乘舟浮海而来，入住方丈。他不负期望，治寺甚严，身体力行，论法问偈，从不间断。凡新来剃度受戒的僧人，他都分立规则，遵行有序，曾说：“古者为僧，朝廷以试经得度。故发心从释者，多誓求道果之士也。今时，佛法淡泊，名存实亡。多资者宽袍盛饰，不足者裨贩为利，贪伪杂出，无所不至。皆由不知正因，不明佛法，未得谓得，未证谓证，谄奉权贵，于求应世，且无为法真心，一味贪嗔造过。如此之徒，败乱滋害，佛言：‘譬如狮子身中虫，自食狮子身中肉，非外道天魔能破。’汝既正因出家，正因为僧，当远离魔道，遵持佛制。为僧之初，不以三衣一钵、种种禁戒，来制御其心，安可入道?”

了朴禅师虽然在执行寺规上态度严肃，但平日里待人接物和蔼可亲，一日三餐，都与僧众同食。他也深知“民以食为天”，和尚毫不例外，所以在任期间，还继承正觉禅师治理滩涂、造田垦荒的遗业，在昌国（今象山）、定海（今镇海）二县拥有福林庄、增益庄与保成庄（又名广头庄），田产共计2000余亩。

经过正觉和了朴两位住持的殚精竭虑、精心经营，天童寺已经蔚为壮观。南宋资政殿大学士楼钥在其《千佛阁记》中指出："不特为四明甲刹，东南数千里亦皆推为第一。游观者必至，至则忘归，归而诧于人，声闻四方，江湖衲子以不至为歉。"

到了嘉定年间（1208～1224），朝廷给天童寺带来了更大的惊喜——创制禅宗官寺制度，天童寺跻身官寺最高等级"五山十刹"之第四山。

官寺制度始于隋唐时期，是朝廷在天下诸州统一设立的一种寺院制度。这种官寺是一批特殊的寺院，由朝廷向全国各州统一颁赐寺额，享有共同的寺名（寺额），以显示全国范围内制度的整齐划一。例如唐高宗时期的景星寺、武则天时期的大云寺、中宗时期的龙兴寺、玄宗时期的开元寺。官寺与普通敕建寺院相比较，在于功能特殊。普通敕建寺院只是为皇帝本人或皇室成员祈福，而官寺则肩负着为国家祈福和为国家服务的重任。例如，接待外国来华僧众和国内往返官客住宿；承担国忌行香和千秋节行道散斋；以及作为地方僧官的主寺，握有掌管一州僧政的职权。

南宋的官寺制度更加严密。官寺等级是根据太师右丞相史弥远的设计，仿照中国的官僚等级和晋升制度，由朝廷来品第江南诸禅寺，排定禅院等级。官寺主要分为五山、十刹、诸山（甲刹）三个等级。"诸山"是一般的禅寺，相当于唐代的敕建寺院；“诸山”之上，设“十刹”；最后在“十刹”之上，设立禅宗“五山”，即最高等级的五座禅寺。制度同时规定了住持“拾阶而升”的晋级方式：经历过“诸山”的住持，方有资格住持“十刹”；住持过“十刹”的禅僧，才能到“五山”担任住持。此外，制度还规定了“五山十刹”可享有很多特权。

南宋朝廷的品第结果。“五山”依次是杭州的万寿禅寺、灵隐寺、净慈寺，宁波的天童寺和阿育王寺。“十刹”依次是杭州中天竺寺、湖州万寿寺、温州江心寺、金华双林寺、宁波雪窦寺、台州国清寺、福州雪峰寺、建康灵谷寺、苏州的报恩寺和云岩寺。

天童寺进入佛教禅宗第一梯队，朝廷对于住持也可谓皇恩浩荡。宋端平年间（1234～1236），住持智谋曾连续三次被宋理宗诏入禁中，垂询问道，君僧之间，“际遇之盛，为当时所未有”。据说，智谋禅师生得枯瘁寒瘠，似乎了无生气，可当升座说法，则是“机语波峭，音吐洪亮”。另一位高僧道冲曾赋诗相赠，形容为“千丈飞流气象新，岩前一吼净无尘”。智谋圆寂后，嘉熙三年（1239），朝廷诏令道冲住持天童寺。

道冲的知名度很高，曾以堂帖被命去住持建康府（南京）蒋山太平兴国禅寺。蒋山濒临长江，常年歉收。道冲一面辛苦倡道，一面想尽一切办法来养活僧众，整整13年，无怨无倦。嘉熙三年（1239），道冲先是受鼓山寺诚聘；接着住持雪峰寺之牒；领事半载，朝廷下达天童寺住持的诏令，他便在十月初三入寺院。

上任之后，天童寺门庭若市，“众归如海，复现宏智昔时之盛”。阿育王寺因缺住持，特来请他一带两便、兼摄住持。结果，道冲奔走两山间，往来说法，他曾自嘲道：“天童用底来，育王用不着；育王用底归，天童用不着。虽然如是用不着，不着处，用有余。一箭双雕随手落。”这段佳话，一直延续到淳祐四年（1244）七月十四日，诏令他移主灵隐寺。

宝祐四年（1256），天童寺突发火灾，火势凶猛异常，烧毁了千年古刹，梵舍荡然无存。当时，南宋名臣吴潜主政明州，特上奏朝廷，给天童寺送来了又一位杰出的住持——祖智禅师。

祖智禅师，四川人，俗姓杨，7 岁时读圭峰《圆觉序》，脱口成诵。14 岁出家，师从六岩禅师，因阅《华严经》“弥勒楼阁，入已还闭”之语，恍如梦觉。遂诵《灵云见桃花》云：“万绿丛中红一点，几人欢喜几人嗔。”得到六岩首肯。此后遍叩浙翁琰、无际派、高原泉、淳庵净、妙峰善诸高僧；到雪窦寺从师范学禅。正所谓严师出高徒，师范禅师待之弥峻，诲之弥严，最终授以衣拂，让他与自己分座。嘉熙二年（1238），他出任洞庭天王寺住持，使其百废俱兴，规式一新。后其又相继主西余、蒋山诸寺，人皆称善。这次临难受命，来到满目疮痍的天童寺，他缚茅以居，风餐露宿，粝食以充，从不叫苦。其时，明州久旱，祖智虔诚祷告，天降甘霖，民众为此感动，虔诚报答，有力出力，有钱出钱，自发帮助天童寺建造殿堂楼阁。不到三载，殿宇像设，焕然一新，好像涅槃重生。

祖智禅师以精诚与事实赢得声誉，被人们称为“智天王”。然而，景定元年（1260）九月旦，他忽示众僧曰：“云淡月华新，木脱山露骨，有天有地来，几个眼睛活。”十日后珍重大众，叉手而寂。

禅堂行香

祖智禅师以涅槃重生的成就，为天童寺在两宋的鼎盛时期画上了完美句号。

3 千呼万唤寺名来

元王朝虽然仅有百年历史，而且以藏传佛教为国教，但是，皇室给予天童寺的荣誉，并不比前朝逊色。唐宋两代，敕赐师号的天童僧人有藏奂、惟白和正觉；赐予惟白禅师金襕紫衣。而在元代，朝廷先后敕赐住持怀信“广慧妙悟智宝弘教禅师”号及金襕法衣；敕赐住持悟光“佛日圆明普济禅师”号；敕赐住持元良“善觉普光禅师”号。从数量上来看，完全相等，足以显示天童寺的声誉在元代有增无减。不过，这三位住持获此殊荣，都是在元代晚期。

宋末元初，天童寺住持是惟一禅师，时间在南宋咸淳九年至祥兴二年（1273～1279），当时许多僧人望风而靡，“每至折腰权门，以求瓦全”。唯有惟一禅师保持强烈的民族气节，“抗节不屈，一唯祖规是依，从不偃仰随人”。所以有数百名同气相求的僧人，挑担背包，从四面八方赶来投靠，“由是天童复振”。至正五年（1345）朝廷诏令怀信禅师来当住持。

怀信俗姓张，奉化人，据传母亲刘氏梦拾大星吞之而孕。稍长即随元代文学家剡源戴表元学习书经；15 岁出家，寻师问道，都不满意，最后来到天童寺，拜在住持妙坦禅师门下而悟道，接受心印。他在寺内掌管藏经楼锁钥，近水楼台，阅读了大量佛典，学识渐博，文采渐彰。遂应邀出任明州观音寺、普陀洛迦山住持；不久外出游历，“自持一钵，丐食于吴楚间”。而他的佛学造诣，也被世俗社会广泛推崇。皇室成员镇南王孛罗不花与宣让王帖睦尔不花，“俱虚心问道，隆礼频仍”，他则“从其性资而导之”，似乎颇见成效。于是有当朝大僚上奏朝廷，称颂其德行。结果，皇帝诏赐怀信“广慧妙悟智宝弘教禅师”之号，并赐金襕法衣一袭。鉴于他和天童寺的师承关系，不久即诏令前去住持。

怀信禅师竭诚治寺，百废俱举。其间，寺院重修佛殿宇廊，并购奇石于姑苏，建五层多宝塔，高九丈六尺，寺貌一新。他日诵《法华经》7 卷，虽严寒酷暑，从不间断。平时待人接物，他欢溢眉宇，从不疾言厉色。而且他是佛光普照，有教无类。当时还尚未称帝的朱元璋与之接谈，他也“嘉师纯悫”。据说，怀信示寂前一日，朱元璋正督师江阴，梦见他来告辞。事情证实后，朱元璋大为惊异，举龛之夕，亲临奠送至都门外，备极宠崇。他的舍利如麻菽，五色灿烂。塔于金陵牛首山。宋濂为之铭。他的爪发衣履藏于天童中峰之塔。梦堂昙噩为之铭。

天童寺在元代的最后一位住持，是受赐“善觉普光禅师”的元良（接任的惟一禅师跨于元明之间，即元至正二十四年至明洪武二年）。他俗姓周，宁海人，至正十八年（1358），经行宣政院（朝廷主管佛教的机构）上奏推荐，奉旨主天童。翌年，他重建朝元阁、铸万铜佛置其上。因此，皇帝不但敕赐师号、御书阁名，并诏令中书参知政事危素“撰述碑铭，以赐刻石，垂诸永世”。

新建朝元阁，高十三丈，广廿五丈；中为七间，两偏四间，左“鸿钟”，右“轮藏”，下为三间，以通出入。据危素描述：“梁栋云飞，柱石山积，榱题修敞，而河注袤延，绮疏青琐，甬道蹑虚，于阿迦尼吒之表，铸万铜佛置阁中。”整个工程所耗，共计人工十万、粮米一万多石、铜钱百五万贯。为保证今后香灯、修缮的费用，元良禅师又蓄资创业，率耆旧永全等人在宁海县牧峰、鳌山二岛围堤造田，海堤长五百七十五丈，历时六年，成田十七顷有奇，定名“万佛庄涂地”。据危素观察，元良所以能成功速而树业隆，主要是他“审以发谋，断以行事；惠以使下，则贪者劝；勤于率众，则怠者勉”。

不久元亡明兴，洪武年间，元良禅师已退居东谷，但仍力修山宇。法堂、大鉴堂、东西蒙堂、钟鼓楼、禅寮、涵虚阁、隐盖亭等，全都修葺一新。而明太祖朱元璋给予天童寺的恩宠，更是令人耳目一新，对于寺院发展具有历史性意义。

在历代帝王中，朱元璋与佛教的缘分可谓特别深厚。在从草根崛起到建立王朝的过程中，他亲眼看到“佛氏之说，虽深山穷谷中，妇人孺子，皆为之惑，有沦肌冶髓，牢不可解者”。他也亲身体会到，“以儒治国，以佛治心”乃是精辟之至的统治要诀。所以在开国之初，他就把佛教事务视为朝中大事。在位31年中，他针对佛教颁敕过许多政令，形成了一套较完备的佛教政策。

洪武元年（1368），朱元璋就设立善世院，掌管全国各名山大刹住持的任免。洪武三年（1370），他将全国佛教寺院划分为禅、讲、教三类，而禅寺为不立文字、专求明心见性的禅宗寺院；后来还制定了禅、讲、教三类僧服色别，成为明代佛教制度的一大特色。洪武五年（1372），他又召集江南名僧至金陵，启建“广荐法会”，组织力量校雠梵典，刻印藏经。应召来京的禅师中，就有天童寺住持司聪。

司聪禅师俗姓谢，黄岩人。15岁出家。谒天童寺平石砥禅师，成为侍者。后至武林，遍访名山，结果竟也悟出了“以佛治心”，曾说：“沙门释子，当以治心为先务。治心之要，惟明惟静；明以照昏，静以止乱。昏乱既除，慧光自显，岂不妙哉！”后来他从天台回到太白，在寺内蒙堂禅观礼诵。元末明初，他先后被供佑寺与国清寺请去出任住持。明洪武二年（1369），元良专程到善世院请求，派司聪住持天童寺。洪武五年（1372），司聪奉命参与史称“洪武南藏”的宏大工程。其间，他屡次获得朱元璋赐座，从容论道，并应诏说法，开示幽显。五年后，朱元璋又把天童寺的另一位高僧智昌也召至京城，入朝陛见，敕令制天下僧徒“昼讲夜禅”之规。

五度春秋，到了洪武十五年（1382），这是天童寺值得纪念的年份。是年，朱元璋册封天下名寺，册定天童寺为天下禅宗五山之第二，然后亲自指定一位名宿——自性出任住持。那一年，自性禅师三易佛寺，先到常州永庆寺，再迁抚州疏山寺，最后被派往天童寺，并获赐“佛朗禅师”号。“天童山景德禅寺”被朱元璋改而敕赐“天童禅寺”。于是，如今远播海内外的这个寺名，经过1000多年的变迁，千呼万唤，终于由曾是“小和尚”的明太祖一锤定音。这座名山古刹，终于进入了“天童禅寺”时代，永垂中国佛教史册。

荣膺天下禅宗第二山的天童禅寺，在洪武年间拥有良田万亩，山地2600亩。应役盐丁63名，余丁19名。永乐十三年（1415），明成祖朱棣下诏令归并天下寺院。其中，鄞县境内的佛陇寺、盘山寺、珠山寺、二灵寺并入天童禅寺，成为附属寺院。同时，敕赐住持净观“弘慈普应禅师”号，并赐紫衣一袭。

佛陇寺位于天童禅寺东南方，相距约5里，与天童禅寺颇有渊源。据传该地曾有红光烛天，被视为浮屠氏之祥征，因而名为“佛陇山”。天童寺住持咸启爱此地幽邃，派僧徒过来结庐以居。唐咸通十三年（872）建寺，名为“积庆显亲寺”；宋代赐名“保安寺”，并定位十方禅刹。元至正年间，寺渐倾圮，天童寺大基丕禅师奉命前来住持。他白手起家，重建寺院，至明洪武二年（1369）落成。被朱元璋誉为“开国文臣之首”的宋濂撰写了《兴修佛陇寺记》，以志纪念。

盘山寺距天童西南十里许，与佛陇寺在同一山之两面，山顶有建于五代梁时蒋摩诃塔。两寺归并天童禅寺，此地改名“盘山庄”。盘山寺数百年来，屡圮、屡建、屡改名，现在名为“弥陀精舍”，是僧人修持之所。而珠山寺则在盘山寺再往南，象山港畔大嵩城北，始建于后晋天福七年（942），原名“珠山院”，宋代赐名“净土寺”，也是屡毁屡复。

这次归并，收获最大的是天童禅寺的二灵寺。它在东钱湖畔二灵山区，前身是北宋名臣陈禾所建“金襕庵”。首任住持知和禅师，曾与同门普交一起发誓，坚决不下雪窦山出任住持。后来普交下山住持天童禅寺，他一气之下与普交断交；而陈禾以诗为诱，他也食言了。南宋时赐额“普光”；元代则有高僧祖铭、清浚师徒在此，一时声光大盛。祖铭禅师25岁正式出家，为天童禅寺掌书记。后嗣法于行端，历住普陀、径山，退居在二灵寺。洪武初年（1368），朱元璋两度诏请戒德名僧，到南京钟山参与普度大会，他的弟子清浚天渊在列。二灵寺也是屡毁屡复，清康熙二十年（1681），天童禅寺德介禅师发心重建于山麓。

明皇室赐予天童禅寺最后的荣耀，是明宣宗朱瞻基。他尚未即位时，就已多次垂询天童寺住持净观禅师，即位当年（1426），就召净观至京都，馆于庆寿寺丈室，赐“左讲经天童净观”玉玺；后来又进封“定岩惠济禅师”。明廷设僧录司，有左右善世、左右阐教、左右讲经、左右觉义等职，由礼部任命，负责督导全国僧众行仪并主管考试等事务。

净观禅师赴京，天童住持虚席，便请来名宿祖渊禅师。祖渊15岁出家，为笃志求道，曾燃臂明心，又曾刺血书经。他住持天童数载，宣德九年（1434）也被诏令入京，任僧录司左觉义。其时适逢敕建大功德寺告成，万事开头难，明宣宗命他兼任住持。不料，僧徒闻讯，蜂拥而来，云集于大功德寺，使得龙颜大悦，特赐田四百余顷以赡众。祖渊又上奏朝廷，认为禅、讲、教三宗，名不可不正，建议以大功德寺、大慈恩寺、大隆善寺分别对应。皇上恩准。三宗弟子授业，从此各有依归。他又提出：天下寺院之所以常有废圮，大都因为僧徒收得太少，后继乏人。朝廷认为有理，决定在寺院常年正额之外，再增加1/5的名额。政策对头，废寺果然因是而兴，而他的官衔也晋升至“右善世”。

但是，到了嘉靖万历年间，天童禅寺走向了下坡路。

明正德六年（1511），径山寺僧人惠诚为图私利，提出将“十方丛林制”改为“分房制”。径山寺分为18房，住持由各房轮流担任，相当于自选的“子孙制”。出于贪念的“分房制”不胫而走，灵隐寺接着实行，而天童禅寺一直拖到嘉靖年间（1522～1566），才由“分房制”替代“十方丛林制”。全寺分为上、下、中、古松、常住五房，各持寺产，分别经管。结果，成千上万亩的田产被各房斥卖，或被侵夺，逐年耗蚀。

嘉靖四十三年（1564），天童禅寺第82代住持盛宁，是临济第二十七世孙；第83代住持继庵正是盛宁的法嗣，临济第二十八世孙；第84代住持少古也是继庵的法嗣，临济第二十九世孙。这成为货真价实的“子孙制”。再看第87代、第88代、第89代住持，他们的法嗣与世系都不太清楚。这样一来，天童禅寺将无法外请出类拔萃的高僧大德前来住持、促进事业健康发展。

常言道：祸不单行，福无双至。“分房制”实行不久，万历十五年（1587）七月二十一日，狂风暴雨，山洪骤发，势不可当，冲毁了天童全寺，雄伟宏大的建筑群竟至础砾无存。明代布衣诗人沈明臣写过一首五律《纪灾》：

千载天童寺，名山大海东。丹青余古殿，像塑俨新工。
佛亦难逃劫，尘应总是空。沧桑陵谷变，百六数谁穷？

没想到“分房制”的另一弊端，也被洪水冲得暴露无遗——平时争权夺利，危难时刻，避之唯恐不及，僧众离散。因怀禅师，刚刚出任住持，就遭遇此灭顶之灾。他勉强建起法堂后，再也无能为力了。15年后，天童禅寺方有人来继任。但继任者仅凭这座简陋的法堂苦苦撑持着。地方官吏和乡绅耆宿实在看不下去，终于让天童禅寺摒弃“分房制”，恢复“十方丛林制”，并请来名宿圆悟住持。

圆悟手书“天王殿”殿额

圆悟禅师，俗姓蒋，江苏宜兴人。33 岁始剃发。万历三十年（1602）任龙池禹门寺监院，后升任龙池寺祖庭住持。天启三年（1623）迁住天台通玄寺；继而到嘉兴金粟寺、福建黄檗寺，最后住持宁波阿育王寺。鄞县的僧俗两众认为，他是一位德才兼备的高僧，遂于崇祯四年（1631）礼请其住持天童禅寺。

其时，天童禅寺，寺产仅存山地 12 亩，田已斥卖殆尽，而 66 岁的圆悟禅师果真不负众望，经过清理，自清关桥围环至玲珑岩，共有山 730 亩；又赎山 80 余亩，然后苦心经营，筹募诸方。在一片荒芜上重谋宏图，不仅恢复旧观，还扩而广之，使寺宇为之一新，奠定了天童禅寺永久之规模；同时弘扬禅学，临济宗风大盛，其法嗣遍于国中。所以其被人尊为“天童重兴之祖”，也被称为“临济中兴之祖”。

4 风起云涌慨而慷

圆悟住持天童禅寺十一载，于崇祯十五年（1642）示寂，翌年，其法嗣弟子道忞继任住持。道忞禅师俗姓林，广东茶阳人，字木陈，号山翁。他自幼聪颖，少年科场得意，考中秀才。弱冠时读《金刚经》《法华经》《大慧语录》，忽然有了前身为僧的记忆，并能领悟教义，于是放弃仕途，剃发出家，皈依佛门。后承父母之命，一度还俗，生了个儿子，又去当和尚。他历参许多禅宗名宿，最后见到圆悟，受教 14 年，终于彻悟关键。他住持天童禅寺 3 年任满，退居慈溪五磊寺，继而住持台州广润寺、绍兴大能仁寺、吴兴道场山、青州法庆寺；后又被天童禅寺僧众请回来再度任住持。顺治十六年（1659）九月，顺治皇帝福临遣官赍敕，召他入京问道。他成了天童禅寺历史上第七位，也是最后一位晋京说法的大和尚。

顺治帝是清朝入关后第一位皇帝，天分极高，6 岁登基，14 岁亲政，大至治国安邦，小至诗文书画，均卓有成就；但更让人惊讶的是他很有佛缘，时萌出家思想。他很重视道忞的到来，带着学士王熙、冯溥、曹本荣，状元孙承恩、徐元文等人与之谈经。道忞知识渊博，才华横溢，能言善辩，词锋犀利，应答如流，从容淡定，君臣们谁也难不倒他。顺治大为激赏，十分敬重，不久便赐“弘觉禅师”号，赐以敕印。

道忞不时地被召入宫，论道说法，兼及诗词书法绘画。他以精湛的佛学造诣和深厚的文化底蕴，使顺治帝折服，甚至说：“愿老和尚勿以天子视朕，当如门弟子旅庵相待。”而且还说过“朕想前身的确是僧，今常到寺，见僧家明窗净几，辄低回不能去”的话，令人油然想起道忞出家前“忽忆前身为僧”的故事。道忞则趁着近水楼台，向顺治帝呈上《请赐〈密云禅师语录〉入藏疏》。略谓：

> 道忞幸逢盛化，身叨宠遇。又每承天眷，追念先师，赐邈顶相，复刻遗编，感恩已渥，复敢何求？唯是缅念天童先师圆悟，生当末运，兴振禅宗，六坐名山，忘躯荷法。一时提唱机语，皆开凿人天，单明直指。日虽刻布人间，但未经入藏，恐渐湮没。……伏乞俯鉴微忱，下颁钧旨，赐收入大藏，永使流通。则正法眼千古长新，而愿力恩普天均戴者矣！为此冒昧具奏，恳赐下部施行。

顺治十七年（1660）三月二十三日，旨下礼部议奏，二十九日礼部即覆奏：“奉旨，依议。”这简直是神速，可见在大臣眼里，道忞是何等得宠！而他提出辞行。顺治帝十分不舍，让其留下弟子以早晚说话；并御书“敬佛”两个字，亲绘山水、蒲桃两幅画，赐给道忞作为纪念；又发帑金千两，命修天童禅寺殿宇。道忞五月离京返回天童禅寺，此后半年中，顺治帝两次遣官专程探问。冬天，他又亲书唐代诗人岑参诗一首遥赐道忞。诗云：“洞房昨夜春风起，遥忆美人湘江水。枕上片时春梦中，行尽江南数千里。”似乎在向老和尚倾诉对于董鄂妃的悼念。次年二月五日，顺治帝英年早逝，终年 24 岁。

清顺治帝御碑亭

皇恩浩荡，最难消受。道忞禅师无以回报，特在寺内建“奎焕楼”，珍藏御赐书画。同时假弟子真朴之手，将自己在这 8 个月的亲历、亲见、亲闻如实地记录下来，编成一部《天童弘觉忞禅师北游集》，简称《北游集》。全书共 6 卷，卷 1

收录大内万善殿之语录；卷2收奏对机缘；卷3、卷4收奏对别记；卷5收偈、赞；卷6收杂著；卷末附录顺治十七年的《御札》一篇。

《北游集》在顺治十八年（1661）春问世，僧俗两界（包括除了已故顺治帝之外的所有当事人）都无异议。然而万万没有想到，时隔70多年，顺治帝的孙子雍正皇帝突然发难，降下严旨，将《北游集》查禁销毁。事见清乾隆帝《东华录》，记载雍正十三年九月四日谕，有"昔年世祖章皇帝时，道忞大有名望，深被恩礼，而其所著《北游集》，则狂悖乖谬之语甚多，已蒙皇考特降严旨，查出销毁"等语。

此后，《北游集》未再见到，同时，雍正帝严旨也不见于《圣训》及《东华录》。民国时期，著名学者陈垣终于发现了雍正帝严旨和《北游集》原著，经过研究考证，用事实批驳了雍正帝谕旨的强辩与矫饰。

实际上，雍正当上皇帝后，大兴文字狱。案件层出不穷，而最耸人听闻的是浙江吕留良案，株连多达几万人，将已故的吕留良与吕葆中父子、学生严鸿逵戮尸枭示；将吕毅中、沈在宽斩首示众；吕、严两家的孙辈充军黑龙江宁古塔，女的为军妓，男的为杂役。此案从雍正六年（1728）开始，直到雍正十年（1732）才尘埃落定。因为据陈垣考证，下达谕旨的时间不是雍正十三年（1735），而是雍正十一年（1733）。万幸的是，《北游集》没有按照文字狱来处理，没有杀戮，没有株连；反而在同一年，他向天童禅寺敕赐御书"慈云密布"匾及柱联：

紫金圣体堂堂露，开眼也着，合眼也着；

白毛毫光处处垂，昭心亦然，无心亦然。

雍正十一年（1733），御撰的《拣魔辨异录》问世，目标针对法藏及其法系，进而指向整个禅宗。佛教界从此掀起了一场政治风云。

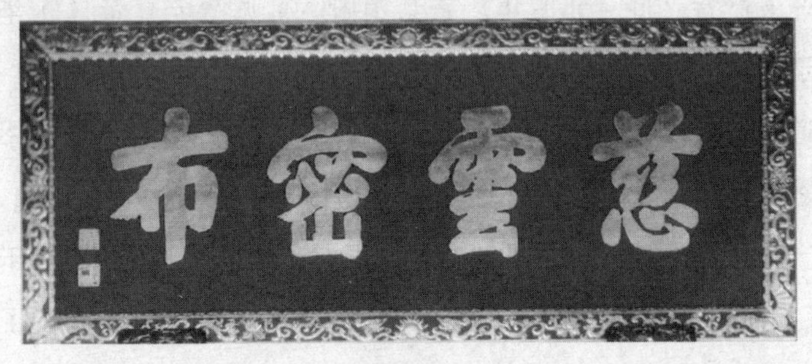

清雍正帝御书赐额

自此以后，清皇室对于天童禅寺再无敕赐，只在百多年后的同治后期（1869～1874），清廷公布宁波天童禅寺与镇江金山寺、扬州高旻寺、常州天宁寺共称为“禅宗四大丛林”。

清同治后期，正是太平天国运动及其余波刚刚平息之时。太平天国信奉拜上帝教，对佛寺佛像持极端排斥态度，实行彻底破坏的政策，凡其军队所过之处，寺院悉遭烧毁，佛像经卷亦被毁弃无遗。而长江中下游及东南沿海一带，正是佛寺庵堂包括“禅宗四大丛林”云集之地，却偏偏又是清军与太平军对抗的主战场，双方大军长时期拉锯攻守，战况惨烈。寺院就成了遭殃的“池鱼”，诸多名寺化为灰烬，比如镇江金山寺。

天童禅寺虽然地处偏僻，远离城市，也在咸丰十一年（1861）受到战火的冲击，整个寺院受损严重。所以，尽管拥有“四大丛林”之一的桂冠，天童禅寺也是山门清寂、宗风衰微，尽显一蹶不振的颓势。

清代末年，内忧外患纷至沓来，东西文明碰撞激烈，政治风云变幻莫测，甚至波及与世无争的佛门净域，佛教“几乎至于灭亡之境”。禅宗更因雍正帝的皇权威压，流毒多年，已经失去精神核心。天童禅寺也不例外，元气大伤，钟板飘零、流品复杂。全寺上下，备感紧迫，因此终于达成了“四明净域，太白名山，非得高僧住持不足以破积习、扬正业”的共识。乃于光绪二十八年（1902）二月，天童禅寺首座幻人和尚率领两序头首，前往湖南长沙，礼请八指头陀敬安为天童禅寺住持。

敬安，俗姓黄，湖南湘潭人，因感桃花为风雨所折而在同治七年（1868）出家为僧，9 年后于阿育王寺佛舍利塔前，以大毅力、大诚心，烧左手二指并剜臂肉燃灯供佛，从此自号“八指头陀”。光绪十年（1884）敬安挂锡天童禅寺，充任副寺之职务，次年返湘，先后住持长沙上林寺、沩山寺、湘阴神鼎山资圣寺、衡阳大罗汉寺、南岳上封寺、衡山大圣寺等名寺。他接受礼请，担任天童禅寺住持，6 年后期满，经僧众殷勤恳留再任，直至民国元年（1912）示寂。

敬安上任，首先致力于宝刹重光。而他首先募建的，是僧人养病的“如意寮”。在他看来，“诸佛世尊，为一大事因缘出现于世者，为众生老病死也。祖师建立丛林，亦为比丘老病死也。今丛林见老病而厌之，岂是佛祖度生之本怀欤?”然后再重修大殿，金装佛像；又新建立雪轩、自得斋，修葺法堂、伏虎亭、甬东下院，还铺筑小白岭至伏虎亭的卵石山径。为此，他续制常住的《福田簿》，对于乐善好施的善男信女，皆录于其上以志檀施。

天童禅寺推选住持，名义上是“十方传法制度”，实质就是“分房制”，万般无奈才向外选贤、礼请敬安禅师。而事实证明，这才是正确的做法，敬安禅师索性规定，从此采取“十方选贤制度”。天童禅寺也由“十方传法丛林”改为“十方选贤丛林”。同时，针对寺院戒律废弛，存在有失公允、各谋私利等乱象，敬安参照古丛林规约，因时制宜，重订了《万年规约》及《日行便览》，上自方丈，下至各寮，均得奉以为法，永远遵守，不得违规。他又针对讲经停废，禅僧滥竽，不学无术，几乎成为流民托足之所的状况，通过冬坐夏讲，用功办道来续佛慧命，绍隆佛种，开堂说法不辍。这些举措，是中国佛教的一个进步，在佛教史上也有着重大意义。

敬安为天童禅寺所做的贡献，也与圆悟相似，“重兴”之功不可磨灭；还有他培养弟子的成就，同样可与圆悟相媲美，因为他培养出了近代中国佛教领袖圆瑛和太虚。特别是圆瑛法师，继席天童禅寺住持，为千年古刹再增光辉。

20世纪的中国佛教，始终在政治风云中随波逐流。政治革命、思想革命、文学革命，在社会的转型期连番爆发。“庙产兴学”的风潮，一浪高过一浪，而立于潮头的新派人士，更有一种思想——在此新社会中，寺院和僧尼皆已不需要了。

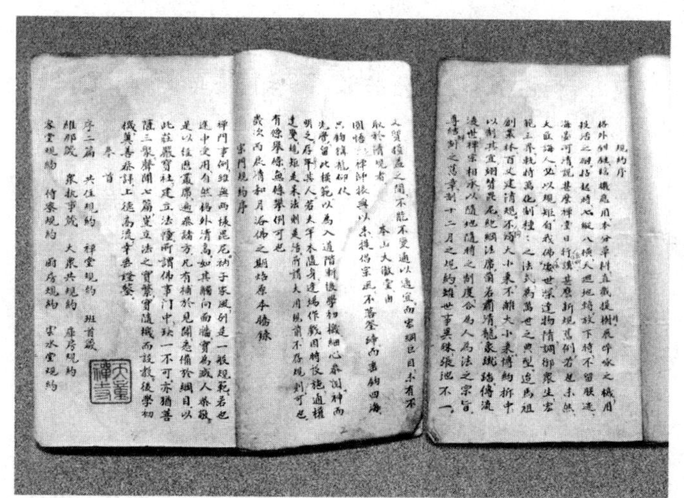

天童规约

但是，天童禅寺僧侣不为所动，坚定不移而又与时俱进地守望着佛祖。

1912 年，中华佛教总会在上海成立，敬安当选首任会长。他和圆瑛都已懂得通过立法、组织教会，甚至个别地以诉愿、再诉愿的方式维护自己的权益。

1916 年，鄞县知事公布天童禅寺重整条规，勒石刻碑。1918 年，鄞县知事又公布天童禅寺仪举住持法规，也勒石刻碑。

1929 年，上海召开全国佛教徒代表会议，决议成立“中国佛教会”，圆瑛当选主席。翌年，圆瑛当选天童禅寺住持，即席开讲《楞严经》，当年传授千佛大戒。

此外，南京国民政府主席林森为天童禅寺天王殿前立柱撰写楹联：

长林得静，幽竹悟虚，万类放观咸自在；

畅怀喻风，清修若水，群生随地契天然。

南京国民政府考试院院长、国民党元老戴传贤也为天王殿撰写楹联：

执相非真，破相亦非真，看大家如何发付；

寻欲是苦，绝欲也是苦，在吾侪好自修持。

中华人民共和国成立后，天童禅寺接受土地改革，彻底放弃坐拥田产、收取地租的寺院经济模式；留下自耕田 87 亩，可以丰衣足食。另据《新修天童寺志》统计，旧辖诸庵废圮的有 23 座，它们是：青塔庵，在寺南；白塔庵，在祖印崖下；新田庵，在寺之西北；天华庵，在大岭下；云居庵，在大云山麓；太白庵，在太白山顶近龙潭；桂花庵，在大岭南岙；方岭庵，即广济庵，近天童街；清隐庵，在里青岭下；指南庵，在鸣角嵝下；甘露庵，即小白岭庵，在小白岭上；太平庵，在小白岭下；拦路庵，在小白河头；盘龙庵，在三塘；在中庵，在垛株岭下；阜峰庵，在周家岙；眉寿庵，在太平庵右；西方庵，在万松关聚义亭后；觉城庵，在古佛陇寺旧址前；云龙庵，俗称祥云庵，在三塘头；大岭庵，在天童大岭；还有地址不详的直际庵与止宿庵。

新中国主张宗教信仰自由。1953 年 6 月 3 日，中国佛教协会正式成立，圆瑛当选为会长。

1960年10月，全国人大常务委员会副委员长、中国佛教协会名誉会长班禅额尔德尼·确吉坚赞大师莅临天童禅寺，作为藏传佛教领袖，在统战部部长李维汉的陪同下，第一次来到"禅宗四大丛林"参拜、诵经。两年后，另一位全国人大常务委员会副委员长，也是中国科学院院长、全国文联主席的郭沫若来寺参观。

"文化大革命"爆发，寺院首当其冲，天童禅寺也在劫难逃。佛像被砸毁；经籍龙藏被作为废纸出售；僧众被遣散，或去务农，或去做工，或不知去向。不幸中的万幸是，寺内珍藏的宋、元、明、清历代字画及玉器、瓷器、铜器等物，虽然被定为"四旧"，但没有毁坏，而是被拉走封存，使这些不可再生的文物得以保存下来。还有寺院宏大的古建筑，在红卫兵"横扫"一切"四旧"之后，被部队接管进驻，得到了使用性保护。

"文革"后，1978年10月11日，中国佛教协会代会长赵朴初居士来寺视察。浙江省革命委员会随即向国务院递呈关于修复天童禅寺的请示报告，次月就得到国务院批复同意，并由财政部拨给150万元专项经费。而全面展开拨乱反正的党的十一届三中全会在12月召开，足见党中央、国务院对于天童禅寺的重视。

1979年7月，国务院宗教局局长萧贤法来寺视察。日本日中友好佛教协会事务局长松本大圆、永平寺副寺中村胜光一行7人来寺参拜。1980年5月，日本曹洞宗总持寺贯首乙川瑾映率参拜团一行135人来寺参拜祖庭。1983年，天童禅寺被国务院列为全国汉族地区佛教重点寺院之一。有关部门发还了原属天童禅寺之宋、元、明、清历代字画及玉器、瓷器、铜器等文物。住持广修法师当选为浙江省政协常委，开始参政议政。

1988 年，住持广修退居，中国佛教协会副会长、圆瑛法师的法嗣弟子明旸受邀兼主天童禅寺。天童禅寺举行了隆重的方丈升座典礼。明旸法师升座时，首立山门，卓杖一偈：

太白嵯峨势接天，青山面目更胜前。
云归崖穴泉归壑，翠竹苍松尽是禅。

这是劫波之后天童禅寺第一声偈颂，洋溢着无限的生机与朝气。然后，明旸在弥勒、韦驮前上香诵偈，又入大殿上香诵偈，完成一系列礼仪后，大和尚就座，秉拂 3 次，卓杖云：

大道本无言，因言而显道。
真心本无相，即相而明心。

升座的大和尚需开堂说法。明旸简洁地引用一句《金刚经》所云“说法者无法可说，是名说法”，完成了这次说法，也完成了天童禅寺对禅宗法门的衔接。

翌年，天童禅寺举办冬季传戒法会。由方丈明旸任传戒大和尚、天台国清寺首座静彗任羯摩阿阇黎、普陀山普济寺首座悟道、天童禅寺知客涤瑕等任引礼师。来自京、沪、粤、川、黑、蒙、陕、闽、赣、浙等21省市区的663名四众弟子虔诚受戒。求比丘戒者303人，比丘尼戒157人，居士戒203人。明旸宣讲佛陀遗教《八大人觉经》，以佛陀临终时告诫诸弟子须勤修戒定慧、熄灭贪嗔痴、清心寡欲、修身养性、安贫乐道、知足常乐勖勉皈戒者，并发给戒牒和五戒证书。

这是新中国成立以来宁波第一次冬季传戒法会。

1991年，明旸大和尚又在天童禅寺举行传授心印法会，将曹洞宗法脉传授给来自台湾省台北市的东和禅寺住持源灵法师、大同寺住持今聪法师、一心寺住持灵岩法师、通法寺监院今明法师。农历八月二十三日，明旸大和尚在藏经楼设坛付法，传授曹洞正宗心印妙法。偈曰：

曹洞法脉是新春，奕叶传承永久通。
瞬目扬眉弘祖道，百花争艳丕宗风。

按曹洞法系“慧元道大兴，法界一鼎新；通天兼彻地，耀古复腾今”赐源灵法师法名为复源，赐今聪法师法名为复聪，赐灵岩法师法名为复灵，赐今明法师法名为复敏。4位台湾法师接过法衣、法卷，同为曹洞正宗第四十八代法嗣。

天童禅寺的曹洞宗风，不仅东传扶桑，而且越过海峡，吹向宝岛。

进入21世纪，明旸大和尚于2002年示寂，其舍利塔安奉于“圆公塔园”内圆瑛灵塔左侧，使其能在西方极乐世界继续陪伴恩师。2004年，天童禅寺第182代方丈诚信法师举行升座仪式。

诚信法师，1959 年 11 月 7 日出生于浙江温州乐清。1980 年在天童禅寺出家，1986 年就读于厦门闽南佛学院，毕业留任南普陀寺执事，历任监院、都监，厦门市佛教协会常务副会长兼秘书长，闽南佛学院常务副院长、南普陀寺慈善功德基金会常务副会长等职，协助妙湛长老、圣辉大和尚两代方丈主理常务，卓有成效。现任天童禅寺方丈、宁波市佛教协会会长、浙江省佛教协会副会长、中国佛教协会理事。

诚信法师

诚信法师以 20 世纪初敬安方丈为榜样，学修并重，作则在先。重订《天童禅寺规约守则》，以正本清源。实行“冬参夏学”的丛林学修模式，冬办“佛七”“禅七”法会，暑期开展讲经交流活动，依次讲解《大方广佛华严经·净行品》《四十二章经》《永嘉大师证道歌》《六祖坛经》《地藏菩萨本愿经》《达摩二入四行观》《信心铭》《药师琉璃光如来本愿功德经》等。先后举办了“纪念如净禅师示寂 780 周年法会暨天童禅寺曹洞宗文化研讨会”“雪舟禅师示寂 500 周年纪念座谈会”“天童禅寺佛像开光暨宏智正觉禅师诞辰 920 周年禅学文化交流会”“首届天童禅宗文化研究交流大会”；相继出版了《宏智正觉禅师语录》《如净禅师语录》《天童禅寺历代住持顶相画集》等著作。他也致力于宝刹增光，先后维修了小白塔、水库、大鉴堂、云水堂、罗汉堂、应供堂、图书馆等；重塑梵王、帝释像，还为大殿佛像重新装金。同时，入世慈济，累计已为社会各种公益活动捐款近千万元；对外弘法，将天童禅法有机地传播到日本、东南亚及欧美国家。

屹立于佛教丛林 1715 年的天童禅寺，将在中华民族实现伟大复兴的 21 世纪再创辉煌。

方丈殿、大鉴堂

三　高僧大德　杰出又辈出

1　开法之祖藏奂

唐宣宗大中元年（847），经咸启禅师的奏请，天童寺成为十方住持寺院，而第一位被礼请入主的大和尚，就是开法之祖藏奂。

藏奂禅师（790～866），俗姓朱，苏州华亭（今上海松江）人，母亲在怀孕与生产时，异香扑鼻，人说他是“兜率降祥，来从百亿劫”。儿时曾掉井里，有神人接持而出。长大后秀外慧中，“松风水月，未足比其清华；仙露明珠，讵能方其朗润”。他 20 岁出家，专程跑到中岳嵩山受具戒。母亲因其远行，思念哭泣，致一目失明。藏奂闻讯，立马归省，母亲的眼疾当天就痊愈了。后来母亲去世，他守灵尽孝，庐墓显示种种祥瑞征兆，使他名闻遐迩，人们蜂拥而来表示归敬。

3 年孝满，藏奂禅师云游湖山，探寻灵境异迹，又到诸暨五泄山，遇虚默禅师，两人“一言辨析，百契符会”，遂成师徒。而虚默其人，僧传与灯录均无记载，近年有学者考证，认为“虚默”就是马祖道一在浙江十个弟子之一的“灵默”。所以藏奂是“马祖裔孙，五泄传人”。渐渐地，他名气虽然不及师祖马祖、师伯百丈，却已超越乃师虚默（灵默），连皇帝对他也是久仰。唐会昌五年（845），武宗在全国“灭佛”，教界灾难深重；而继位的宣宗，之前就是和尚，大中元年（847）便下令恢复佛教。同时诏令藏奂禅师居住长寿寺。

长寿寺又名香严寺，位于南阳淅川的白崖山群中，与登封少林寺、洛阳白马寺、开封相国寺并称为四大名寺。武宗即位，迫害光王李忱，李忱逃到长寿寺内避难，剃度为弥。武宗驾崩，李忱成为宣宗，自然对长寿寺格外关照，知道藏奂禅师学识渊博，特地请他负责修复被焚毁的内典经藏。

藏奂禅师饱览佛经，学淹古今，而且博闻强记，烂熟于心。他面对“梵筴煨烬”，耐心细致地“手缉散落”，补写充实，再成大藏。这一无上功德，轰动了僧俗两界。有一位姓杨的南海节度使转往苏州主政，慕名天天来请，邀他回归故里，创建丛林。藏奂确实也想南归，但不是回苏州，而是回天童寺。崔琪撰《唐心镜大师碑》中称：“在长寿寺时，（藏奂）谓众僧曰：‘昔四明天童山僧昙粹，乃吾之前生也，有坟塔存焉。’相去辽远，人有疑者，及追验事实，皆如其言。”显然，正是由于这段因果，藏奂到了苏州不久，就应咸启禅师之请入主天童寺。

藏奂禅师不仅学富五车，而且极善教导。只要一传出他说法弘道的动静，就会出现“禅者毕集，环堂拥堵”的盛况。

据崔琪介绍，“大师学识泉涌，指鉴岐分”；许多“诘难排疑之众，攻坚索隐之士”，哪怕站在苦雾中、坐在坚冰上，也泰然处之，因为“一言入神，永破沈惑”。崔琪是咸通十三年（872）来明州任太守的，所记内容由藏奂弟子戒休提供，距离藏奂圆寂仅晚6年，应该是可信的。藏奂禅师被誉为天童“开法之祖”，真是名副其实。而他在小白岭上建“五佛镇蟒塔”，在太白峰顶变“龙潭”，更是尽人皆知，至今传为美谈。

藏奂禅师不仅是天童禅寺“开法之祖”，而且是宁波七塔寺“开山祖师”。大中十二年（858），江西分宁宰、鄞县檀越任景求舍宅为寺，名东津禅院，邀请藏奂禅师居住说法。次年末，发生了以裘甫为首的农民起义，军队攻明州时，闯入东津禅院。众人吓得抱头鼠窜，而藏奂这位大德高僧，已达“焚之不热、溺之不濡”的境界。他闭目静坐，无悲无喜，宝相庄严，乱兵见到，皆大震慑，叩拜行礼而退。咸通二年（861），官府上奏了藏奂心平如镜，淡定退兵，保全寺院之事。朝廷乃同意将东津禅院易名“栖心寺”，以旌藏奂大德。栖心寺就是今天七塔寺的前身，所以七塔禅寺尊藏奂为“开山祖师”。

有趣的是，《唐心镜大师碑》一文，只字不提藏奂禅师住持天童寺，也只字不提他住持东津禅院，仅说“迎大师居之”。但是，叙述了咸通七年（866）藏奂示寂时，嘱咐弟子“权窆于天童岩”，“三载之后，当焚我身”。越三年，“礼法荼毗于天童岩下，祥风瑞云，竟日隐现；获舍利数千粒，红翠交辉，白光上贯”。又三年，弟子戒休（栖心寺僧）赍舍利，述行状，诣阙请谥。奉敕褒谏，谥曰“心镜”，塔曰“寿相”。然后又请新上任的郡太守崔琪撰文，勒石刻碑，立在栖心寺。这样看来，碑文不提藏奂禅师住持天童寺，似乎不难理解了。藏奂禅师既为天童寺“开法”，又为七塔寺“开山”，实乃宁波佛教一段佳话。

晨钟

暮鼓

2 中兴之祖正觉

北宋末年的“靖康之难”后，南宋定都临安（今杭州），宁波成为“两浙名邦，内此藩屏王畿，外以控制海道”，王公贵族、官僚士夫竞相占籍，人口大为扩张。绍兴年间（1131～1162），宁波百业俱兴，佛教也逐渐兴盛，正觉适逢其会，造就天童寺中兴。

正觉禅师（1091～1157），俗姓李，隰州（今山西隰县）人。父祖皆信奉佛禅。母赵氏，曾梦见五台山一僧，解右臂环给她，不久怀孕，从此吃素。正觉出生时，右臂隆起如环状，人皆异之。正觉7岁，警悟绝人，日诵数千言；11岁出家，得度于净明寺本宗大师；15岁落发，得戒于普州慈云寺智琼禅师；18岁游方，宣言“不发明大事，誓不归矣！”他遍参诸方，得到推重。后其见邓州丹霞山德淳禅师，偈语对答相合，自是究法益诚，机警迅捷，大明曹洞宗旨，遂嗣衣拂，为曹洞十世孙。34岁出世，其初住泗州普照寺，继任舒州太平寺，江州圆通寺、能仁寺，真州长芦寺。其间，与宋室南渡之王公大臣有交往，也受推崇。后来官拜尚书右仆射兼枢密院事范宗尹，即天一阁范氏始祖曾说：“余被罪南迁，泊舟庐山下，与师一再邂逅，而相与之意，便如故人”，是“所谓未言而意已亲者”。安定郡王赵令衿也说：昔在庐山侯溪上塔闲居时，“共为莫逆之交。仆一日凌晨，乘月作别于山下。有偈云：‘与君携手下山隅，霜满平川月满庐。珍重之人善行李，小桥流水不相负。’师甚然之。自后声价愈高，道义益盛”。

建炎三年（1129），正觉禅师前往普陀山朝拜观音大士，顺道参访天童寺。当他走过二十里松，看到青山捧出梵王宫，忽然忆起，曾经做梦至一山寺，长松夹道，有诗句记之曰：“松径森森窈窕门，到时微月正黄昏。”情景宛然和眼前一致。也许这就是佛家因缘。他没去普陀山，而是受邀住持天童寺，并且有了终老此地之志。后来曾有圣旨命他出任灵隐寺住持，未及二月，坚决要求回天童寺，一住长达31年，终遂夙愿。

二十里松

正觉住持一上任就出手不凡。是年，金兵犯明州，境内诸寺多遭毁劫，僧众走散，唯独天童岿然不动。当金兵铁骑气势汹汹冲上小白岭，即将践踏天童寺之时，正觉禅师正襟危坐，诵经不辍，视若无睹。金兵遥遥相望，心中忽有莫名的忌惮，调转马头退走了。南宋大诗人陆游后来用“死诸葛走生仲达”来赞扬正觉此事。

正觉禅师曾这样描述当时社会情况：“建炎之末，人病乱离；湘汉江淮，兵火燔掠，尊宿丛林，没芜八九；毳衣瓶锡，投栖于东南四明禅席、天童道场”。而他接任住持后，更是人满为患。“十方来学，云趋水赴，屋不能容”，他们只好坐在屋檐下露宿。寺院房荒严重，影响较大。正觉本来想“撤其寺而新之”，但兹事体大，他决定集思广益，听取僧众意见。有个蜀僧，以阴阳家的眼光大谈风水，认为天童寺所以未能大放光彩，是因为山川宏大而佛寺狭小，两者太不相称。若是殿宇巍峨，堂阁辉煌，广厦恢宏，以激发淑灵之气，则天童山之名，必将震耀于时矣！

正觉禅师对此深表赞同。于是从绍兴二年（1132）冬开始，一场广泛的募捐和一项浩大的工程开始了，至绍兴四年（1134）春完工，耗资共计15000多缗钱。正觉禅师自己都非常满意，亲撰《僧堂记》，描写其规模与格局：“础布楹列，梁横桷攒，棼缭翼张，甍瓦鳞覆，前后十四间，二十架，三过廊，两天井，下庑墙堵，纵二百尺，广十六丈，窗牖术榻，深明严洁，万指食息，超摇容与”。僧众居住其间，“冬温夏凉，昼香夜灯，开钵而饭，洗足而坐，耕牧其间，警导以寂”。

除了僧堂，南宋资政殿大学士楼钥欣喜地指出，还有

“智匠高妙，务极崇侈。门为高阁，延袤两庑，铸千铜佛列其上。前为二大池，中立七塔。交映澄澈”。另一位龙图阁大学士周葵也补充道：“又建卢舍那阁，旁设五十三善知识，灯鉴相临，光景互入，观者如华藏界海。”南宋中兴四大诗人之一的范成大，则赋诗《天童三阁》纪起胜：

> 松萝幂天堕空翠，迎面风香三十里。曾宫亭亭隔瑶水，碧瓦琼榱五云里。
>
> 千佛当门无半偈，声闻未解祖师意。遍参踏破青鞋底，前楼后阁玲珑起。
>
> 闲客那知如许事，东斋听雨烂熳睡。觉来一转聊布施，普请云堂来拟议。

天童寺僧原来不足200人，正觉禅师任住持以来，各地衲子奔辏，如水就下，常满1200人，从而造成房荒及饭食问题。后勤正在为难之时，正觉却乐呵呵地叫他不必担心，第二天就有施主送来粟米千斛。正觉以弘法利生为怀，每逢饥荒，必赡众施食，活者数万众。当然，依靠施主捐献，不能解决根本问题。他高度重视寺院田产，任住持30年间，天童寺拥有了水田13000亩，周围山林都属寺院。他又在今天的象山与镇海，围垦开发2000多亩滩涂田，还作《治涂田诗》以记其事：“棋局未散芭蕉仙，樵夫柯烂海成田。长堤抗潮人得路，淡水没胫牛加鞭。天云晚睛深似绮，禾稻日茂浓如烟。白米软炊供众饱，心空选佛石头禅。”的确，当时天童寺“斋厨丰衍，甲于他方，学者无一不满，得以专意于道”。

正觉禅师为天童寺大兴土木、拓旧维新、扩建寺院，规模空前，激发了群山淑灵之气，奠定了“东南佛国”之基。

绍兴二十七年（1157），他奉旨前往杭州出任灵隐寺住持，不到一月，乞还天童寺，数日后示寂。龛留七日，面色如生，塔全躯于东谷庵东首。是日天气，风雨晦冥，但到下至葬时，云霁日开，事毕复雨。僧俗两界上万人赶来送别，无不涕慕叹仰。次年，诏谥“宏智禅师”，塔称“妙光之塔”。

3 重兴之祖圆悟

圆悟（1566～1644）任天童寺住持之时，已年近66岁。他的学佛之路与正觉截然不同。正觉禅师生而有佛缘，一生都在寺院中过，几乎未食人间烟火，而且机警迅捷，早早顿悟。而圆悟禅师则是29岁才出家，此前过着俗世生活，早早娶妻生子，家境贫寒，为养家糊口而辛勤劳作。用他自己的话来说，“渔也渔过，樵也樵过，耕也耕过，牧也牧过”，即使身入佛门，干的也是杂役体力活，砍柴背米挑水，“服劳受詈凡四载”，33岁始剃发。但是接下来，“煅淬勘念又六年”。直到有一天，路过铜棺山顶，触景生情，这才豁然大悟。他曾自述：“尔时恍恍惚惚、昭昭灵灵底，要起起不来，欲觅觅不得，不知什么处去了。”据说，这是古人所谓“大地平沉”的境界。圆悟禅师是厚积薄发、大器晚成。

明崇祯四年（1631），圆悟禅师出任天童寺住持。当时，所谓千年古刹，不过是“一壑荆榛，崇丘败甓耳”。于是他不惜肝脑涂地，运正法味，应众饥渴，顿令缁素云集，财力集聚。然后经过3年的筹备，寺院有所建置，又用海船从福建运来大批木材。万事齐备，胸有成竹，这才破土动工，而且不动则已，一动惊人，不但要让佛寺重光，更要超越前朝。

崇祯八年（1635），首先建佛殿、天王殿，继而造法堂、先觉堂、藏经阁、大方丈、小方丈，依次落成。佛殿七间，高九丈六尺，纵十一丈，广十三丈五尺。东掖伽蓝殿，西掖祖师室，各为三间；天王殿七间，高八丈六尺，广十三丈五尺，纵九丈；法堂七间，高六丈六尺，纵八丈六尺，广十三丈五尺，两侧各建偏室一间；先觉堂三间，高三丈，纵五丈，广六丈，左侧有楼二间；藏经阁七间，高四丈六尺，纵七丈，广十一丈；大方丈三间两偏，高三丈六尺，纵六丈六尺，广八丈二尺，左右厢楼十间。小方丈为三间两偏楼房。

崇祯九年（1636），佛殿两侧建云水堂与应供堂，各为七间。在天王殿外西隅建延寿堂二十间。次年，在藏经阁前建西禅堂，广七间十一丈，深六丈六尺，高四丈六尺，又在先觉堂南面建东、西两客堂。

崇祯十三年（1640），建东禅堂七间。建钟楼于佛殿东廊外，高度与天王殿相峙。建新新堂于禅堂后，共二十二间。在天王殿东西两偏，建回光楼与返照楼各七间，高五丈六尺。内外万工池也得以重新疏浚，并修造了两池之间的七佛宝塔。

圆悟禅师又花大力气清理寺产，自清关桥至玲珑岩，从原

明千僧锅

万工池与七佛宝塔

先十几亩变成了 730 亩，又赎回山地 80 余亩。这里的山场、庄业、茶亭、松关，无一不是他倾情擘画以成的。

仅仅十度春秋，曾被山洪冲得“础砾无存”的天童寺尽复旧观，且更为壮观。殿、堂、阁、寮的建筑，都比以前更加恢宏；佛像的抟土、刻木、范金、施绘均给人以鬼斧神工的印象。众所周知，今日天童禅寺的基本规模，正是圆悟出任住持时期奠定的。如果把他和“不起于座，变棘林为梵释龙天之宫”的正觉相比较，可以说相差无几，这也是众所公认的。圆悟被尊为天童“重兴之祖”，实在是当之无愧。

在天童寺弘扬佛法方面，圆悟和正觉禅师一样，通圆万众，灯传四方。顶礼者自中华以至外域，海涌云归，住僧常逾万指，每逢讲经，徒众达30000。不过，他所丕振的并非曹洞，而是临济宗风，所以也被称为“临济中兴之祖”。他虽然出身贫寒，剃度后也是服杂役，未能博览内典，但是著作等身，传世的有《碧岩录》10卷、《语录》12卷、《天童直说》4册、《辟妄救略说》10卷、《枯崖漫录》3卷。

崇祯十四年（1641），明崇祯帝命国戚田弘遇进香普陀之际，向圆悟赐紫衣一袭，求圆悟禅师升座说法，祝延圣寿。崇祯龙颜大悦，诏令他赴南京任报恩寺住持。圆悟禅师以老病为由坚决辞谢。翌年，圆悟示寂于天台通玄寺，还塔全身于天童南山。其后数十年，赤县神州天崩地坼，改朝换代，“密公”重兴之天童寺，晨钟暮鼓，人稀殿寂。直到康熙时期，才有浙东诗坛祭酒李邺嗣赋诗赞赏：

到来频拥胜，夕眺辨秋毫。云构重开日，天人肃道场。千光奔佛座，一气滃山堂。

鼓下前朝树，炉生南国香。往年参密老，览海阅沧桑。太皓临终古，仙陀此地尊。

山形容一寺，日景照千门。举拂挥龙象，鸣钟接晓昏。南山诸绀宇，罗立见儿孙。

4 以死殉教敬安

清代末年，兴起“庙产兴学”风潮。其要点是：以寺庙7/10为校舍，其余作为僧道的居处；以寺庙田产等财产中7/10供作学堂之用，其余作为僧道膳食之用；将使用庙产的总额明奏朝廷，以便表扬该僧道。于是“庙产兴学”这一新名词，就此在中国佛教界传用了半个世纪。各地土豪劣绅借此名义，公然兼并寺田。除了学校以寺院为课室外，连警察、地方军队及各种团体，也都堂而皇之地占据寺庙，形成前所未有的怪异现象，给佛教带来了前所未有的生存危机。

浙江有35个寺院因反对“庙产兴学”，竟然请来日本真宗派僧人伊藤贤道，借传教保护寺产。在敬安不知情的情况下，竟被列为35寺住持之首。敬安和尚知道后非常气愤，认为这是“辱国辱教，陈窃名之妄”，力请严拒。事情闹到中日两国政府，双方交涉的结果，终由日本真宗取消对35寺的保护，清廷则下诏保护佛教，并令佛教僧徒自动兴学，自护寺产。

一开始，敬安就很关注“庙产兴学”，认识到要振兴佛

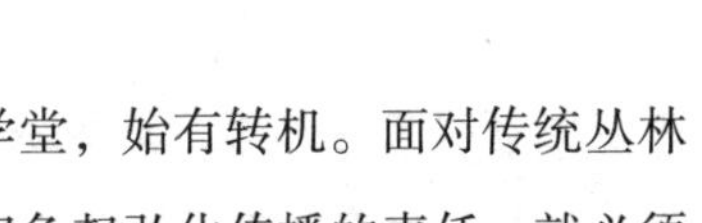

法，必须与时俱进，开设释氏学堂，始有转机。面对传统丛林教育所受到的威胁，佛教徒要担负起弘化传播的责任，就必须要接受新时代的挑战——接受教育。况且，清政府现已无力保护佛教，“自护寺产”的最佳手段，就是“自办学校”。

光绪三十年（1904），敬安和尚与七塔寺住持岐昌等在白衣寺成立宁波僧学堂，招收100名僧俗青少年免费入学，打破了过去培养僧才的传统方式，对佛教教育具有改革创新的历史意义。光绪三十四年（1908），根据清廷学部颁布的僧教育章程，宁波僧学堂改为宁波僧教育会，由敬安任会长，隶属于浙江僧教育总会。他当即在宁波创办僧众小学、民众小学，此为我国佛教办学之始。

敬安是德高望重的禅僧，更是忧国忧民的诗僧。他向来以出世精神做入世的救护，高唱“我虽学佛未忘世”“国仇未报老僧羞”！他以禅诗唱和而广结善缘，以爱国护教推动僧界保产兴学，以团结僧俗促进佛门的自觉革新，堪称保护寺产、复兴佛教的领军人物。民国元年（1912），江浙诸山长老深知天童禅寺及其住持敬安的名望，特地请他领衔，组织统一的“中华佛教总会”，提出“保护庙产，振兴佛教”的口号，号召各地僧教育会联合起来，群策群力维护佛教。为此，敬安亲赴南京谒见临时大总统孙中山，提交《佛教会大纲》和立会申请。孙中山十分重视，迅速复函，全文如下：

敬复者：

顷读公函暨《佛教会大纲》及其余二件，均悉。贵会揭“宏通佛教，提振戒乘，融摄世间一切善法，甄择进行，以求世界永久之和平及众生完全之幸福”为宗旨。道衰久矣，得诸君子阐微索隐，补弊救偏；既畅宗风，亦裨世道，曷胜敬仰赞叹。近世各国政教之分甚严。在教徒苦心修持，绝不干预政治；而在国家尽力保护，不稍吝惜。此种美风，最可效法。《民国约法》第五条载明：“中华民国人民一律平等，无种族、阶级、宗教之区别。”第二条第七项载明：“人民有信教之自由。”条文虽简，而含义甚宏，是贵会所要求者。尽为《约法》所容许。凡承乏公仆者，皆当力体斯旨，一律奉行。此文所敢明告者。所有贵会《大纲》，已交教育部存案，要求条件亦一并附发。复问道安！

中华民国元年三月　孙文谨肃

然而，袁世凯随后窃国，并且颁布《管理寺庙条例》，共31条，企图将全国佛教寺产纳入社会公益事业。敬安等倡议者认为形势逼人，不能坐等。是年4月，全国各省佛教徒聚集于上海留云寺，召开中华佛教总会成立大会，会议公推敬安大师为首任会长。总会设本部于上海静安寺，设机关部于北京法源寺，将原有各省僧教育会改为支部，各县僧教育会改为分部。此后全国各地陆续成立22个支部，分部多达400多个。中华佛教总会设办事处于上海清凉寺，当时全国性佛教组织大多并入其中，中华佛教总会成为近代中国各地佛教徒的第一个全国性联合组织。不久，湖南宝庆有掠夺寺产、销毁佛像的事件发生。中华佛教总会湖南支部派代表至总会，请求制止。总会会长敬安考虑到会章未经北京政府批准，因而决定亲自赴京请愿。

他于1912年11月1日抵京，寓法源寺。次日，具文呈请政府批准中华佛教总会章程，保护佛教财产。敬安和尚前往内务部礼俗司会见该司司长杜关，要求政府下令禁止各地侵夺庙产。然而杜司长态度傲慢，说话蛮不讲理。敬安会长不但交涉无果，反而受到侮辱威胁，愤而返回法源寺。这位年过花甲、名满宇内的禅师郁闷不堪，胸膈作痛。次日黎明弟子探视，和尚已作吉祥卧舍报示寂，世寿62岁。

敬安法师

噩耗传出，知情者悲愤填膺，北京各界73人发起追悼，数千群众自发到会致哀。自总统以下，致辞哀挽者难以胜数。京沪各报，均大幅报道敬安和尚生平事迹，抨击杜关。袁世凯迫不得已，令饬国务院核准《中华佛教总会章程》，以大总统命令颁行各省。

次年三月，敬安和尚的灵

柩被护送回甬，归葬于天童禅寺冷香塔院。五月，在上海中华佛教总会的总部静安寺里，2000 多位各界代表为敬安大和尚举行隆重的“公祭”，全国僧众莫不悲痛。在公众强大的压力下，北京政府不得不取消了相关法令，并由民政司司长出面向全国佛教界道歉。

高僧太虚为恩师执言道：“佛教得以稍安者，食和尚一死之赐也。”他又巧妙地总结了敬安一生的道德品行：“和尚梦兰而生，睹桃而悟，伴梅而终……幽静馨逸，兰之德也生有自；桃花容易飘零，示世相无常住也；其情高洁，其志贞白，斯其托于梅而终于梅也。”

5 继往开来圆瑛

敬安“零落成泥香如故”，这个“香”留传至弟子圆瑛身上。

圆瑛法师

圆瑛（1878 ~ 1953），俗姓吴，福建古田人。5 岁父母双逝，稍长业儒，聪颖绝伦，16 岁中秀才。后感人生若梦，19 岁出家受具足戒。25 岁到天童禅寺，与太虚同随敬安和尚参法习禅 6 年，襄助改制、保产、振兴丛林。光绪三十四年（1908），敬安和尚创办宁波僧教育会，他积极参与。次年他应邀住持鄞县接待寺，重修殿宇，并创办佛教讲习所，开讲佛经，法誉顿隆。然而因此缘故，敬安和尚北上，他未能随行。当噩耗传来时，他追悔莫及道："瑛亲觐长老多年，自清末代，外界激刺，僧众恐慌，组织僧教育会，保护同胞。迨民国成立，联络各省僧界，改组中华佛教总会，同发起，共安危，出入未尝或离。适此次入都，因寺务萦绊，未得偕行，甫廿日，惊耗谣传，双流血泪，几若泉涌。"

翌年五月，中华佛教总会在上海总部静安寺里，为敬安大和尚举行隆重的"公祭"。圆瑛法师敬献的挽联是：

阅尽六十余春秋，洵称法门砥柱，自南岳道宏东浙，回思棒喝亲承，直至而今犹痛痒。

联络数十万僧众，组织佛教机关，为大局力挽狂澜，竟视色身如幻，更于末后见精神。

随后，圆瑛法师被选为中华佛教总会参议长。1917年，他当选宁波佛教会会长，并创立宁波僧众普益学校及镇海僧立国民学校。次年，他又创办宁波佛教孤儿院，自任院长，实行教、养兼施，工、读并重。这都是敬安和尚未竟之志，又因为与佛教慈悲为怀之宗旨契合，各省闻风，相率仿效。

1928年，"庙产兴学"卷土重来。全国教育会议议决，全国寺院改作学校，所有寺产尽充教育基金。为此，圆瑛法师发起组织江浙佛教联合会，被选为主席，入都请愿，卒获成功。佛教寺产赖以保全，并在各地创办佛教慈幼院、佛教医院、佛教工厂，分担社会责任；又在各丛林创办佛学院、农林场等，促进僧侣养成自食能力。

翌年，南京政府内政部颁布《管理寺庙条例》，共21条，内容十分苛刻。全国佛教徒在上海召开代表会议，决议成立“中国佛教会”，选举圆瑛为主席。其当即赴南京请愿。南京政府内政部终于准中国佛教会备案；不久《管理寺庙条例》也被废止，改为比较和缓的《监督寺庙条例》，共13条。

1930年，天童禅寺改选住持，公推圆瑛法师接任。他当场对众宣誓：为法为人，尽心尽力，坚决做到“十二不”——不贪名、不图利、不营私、不舞弊、不苟安、不放逸、不畏强、不欺弱、不居功、不卸责、不徇情、不背理。其旋即开讲《楞严经》，四方学者云集。每年冬季，传授三坛大戒，丕振宗风，续佛慧命，大众心悦。

次年，圆瑛法师再度成为中国佛教会主席（他连续当选七届主席或理事长）。而“庙产兴学”也再起风浪，中央大学教职员组织“庙产兴学促进会”，意图没收全国寺产。圆瑛法师挺身卫教，根据《民国约法》规定，人民一律平等、无宗教阶级之区分，人民有信仰之自由，有保有财产之自由等，据理力争，驳斥其说，平息了风潮。是年秋，16省洪水为灾，东三省惨遭沦陷。圆瑛法师通告全国佛教徒，启建护国道场，多次募款救世。他曾撰一联云：“出世犹垂忧国泪，居山恒作感时诗。”

1932年冬，天童禅寺发生火灾，殿堂楼舍有9处被毁，计50余间。两序大众悲痛万分，都觉得此等工程，非20年不能恢复。圆瑛亲出募捐，与书画家、收藏家、政治活动家叶恭绰联名发出《募化重修天童寺启》：

> ……乃者郁攸不戒，烈炎忽张，毛羽燎乎洪炉，莲花砖成火宅。幸获反风之应，未成焦土之灾。综计被毁天王殿、回光楼、返照楼、东禅堂、新新堂、钟楼、谷仓、东西客堂，共五十余间。而大殿、伽蓝殿、祖师堂以上各殿，均幸无恙。兹有住持圆瑛与各方佥议重兴殿宇，藉复旧观。以此圣迹所关，多修轮奂之美。唯需资甚钜，筹措维艰。所望福地仙人、毗耶长者，咸兹喜舍，各沛财施。庶程功得赖于布金，妙术无劳乎点铁。华严楼阁，弹指现于当前；京洛伽蓝，著记不能专美。此启。

圆瑛法师的影响力与号召力，在这关键时刻表现得淋漓尽致。1936年在他住持任满之时，天童禅寺被毁殿宇全部重建，较前更见庄严，并增建新楼28间，添设谷仓10余间，加筑高墙，以防火患。今天依然屹立的天王殿、法堂（藏经楼）、钟楼，都是圆瑛时期的杰作，特别是三层楼高、15000斤重的“金刚大铜钟”，其气魄与工艺令人赞叹不已。

圆瑛法师平生致力弘法传教，倡导佛学教育，培育僧才。他辞去天童禅寺住持，是要专心开办上海圆明讲堂。他先后赴京、津、沪、杭、厦、武汉、台、港以及海外的日、朝、印度尼西亚、新加坡讲经。所讲经文有《首楞严经讲义》《法华经》《心经》《百法明门》等数10部，其讲经深入浅出，深得缁素赞叹。著作刊行于世者有《仁王般若》《弥陀经要解讲义》《法华经弘传序》等20余种。他兼擅诗文，著有《一吼堂诗集》《一吼堂文集》《圆瑛讲演录》《住持禅宗语录》等。

然而，1937年“八一三”事变，踏碎了平静的讲坛。圆瑛一生倡导“入世”“积极救世”之众生观，认为“利国拥国，饶益有情，乃成佛之基，众善之首”，号召“佛教徒同心同德，积极参加爱国运动，致力于和平事业”。所以当抗日战争爆发时，他以中国佛教会主席名义，致书日本佛教徒，号召共同制止日军侵华。他还组织宁波、汉口、上海爱国僧侣救护队，办难民收容所、上海佛教医院等，两次偕徒明旸前往南洋，募集经费，支援抗战。1939年回国，其突遭日军宪兵逮捕，虽受拷打，坚持不屈，并坚拒“合作”。

1953年，中国佛教协会成立，圆瑛法师众望所归，当选首任会长。不久，他心有感知，回到天童山，身托祖庭，心栖净土，于九月十九日安详而逝，世寿76岁，僧腊58年。示寂之前，他立下遗嘱：

> 一、社会道德，普遍提高，时节因缘，不可思议。凡我佛子，宜各精进，力行十善，勤修六度；行菩萨道，报众生恩。各宗各派，同宣斯义；出家在家，各尽其分；互助无诤，团结第一。

二、余以衰年，幸逢盛世。去岁晋京，参加和会，得见开国之伟大气象，及各邦人士对吾国之衷心爱敬，使余于祖国建设与保卫和平事业增加无限信心，深感毛主席领导英明，旷古未有。愿我全国佛教徒同心同德，积极参加爱国运动，致力和平事业。应思利民护国，饶益有情，乃成佛之基，众善之首。

三、四大幻住，迁化随缘，身后安排，宜从简约。发讣开吊，世俗所为，悉当免除，毋增罪咎。

圆瑛法师的遗嘱，为天童禅寺全体僧众乃至全国佛教徒开示了光明未来。中国佛教协会会长赵朴初所作《重修圆瑛法师塔铭》，道出了全国佛教徒的心声：

乘大愿舟，来兹忍土。广宣妙法，为拔众苦。抗日救国，威武不屈。志兴中华，化被异域。

亚太和会，欣预其成。佛协创立，首秉其钧。应化将终，安返天童。塔留千劫，垂范无穷。

6　群贤毕至　少长咸集

天童禅寺在1700多年的悠久岁月中，不仅拥有一大批高僧硕德的寺院住持，而且，他们吸引了一大批青年才俊，学佛悟道，出世担纲，活跃在各地禅宗丛林。仅在《显密文库》之“四百八十位禅宗大德”中，由天童禅寺培养的古代大德就有以下几位：

崇岳 受昙华禅师、咸杰禅师教益悟道。

妙堪 净全禅师之法嗣。

广闻 受如琰禅师教益悟道。其先后住持过香山、万寿、雪窦、阿育王、净慈、灵隐、径山等名山大刹。

如珙 文礼禅师之法嗣。

无愠 谒平石砥禅师，命典藏钥。明洪武年间，日本遣使邀请，其以老病辞，赐归天童。

祖铭 妙坦禅师主天童时辟其为内记。其通经论，旁及百众之说，善诗文，工书法。先后主宝陀、中天竺、径山，赐号“性文敏宏觉普济大师”。

明德 谒妙坦禅师于天童。历主松江东禅、集庆保宁、湖州道场、州净慈寺。被授予“明定慧”号，受赐金襕法衣。

通云 圆悟禅师之法嗣，先后住持过浙江灵鹫禅寺、台景星岩净居禅寺、浙江雪窦山资圣寺、普润禅院、香山禅寺、永嘉头陀山密印禅寺等道场。

通忍 圆悟禅师之法嗣，任天童寺西堂，出住武原灵佑寺，继迁曹溪，后开法宝华寺，大振纲宗。

通微 圆悟禅师之法嗣，初开法真如院，次移莆州曹山寺，后补龙池寺。

进入20世纪，敬安大和尚培养了两位中国佛教领袖。一位就是圆瑛，另一位是太虚（1889~1947）。太虚幼丧父母，16岁剃度出家，18岁在天童禅寺师从敬安，受具足戒，并与圆瑛缔结“以心印心，白首如新，以善劝勉，疾病相扶，安危与共，事必相商，各自立志”之盟。

1912年，太虚参加中华佛教总会，被选任《佛教月刊》总编辑。不久，敬安和尚逝世，太虚在其追悼会上提出进行“教理革命，教制革命，教产革命”的佛教“三大革命”口号。其撰文倡导“佛教复兴运动”和改革旧的僧团制度。不久，他到普陀山闭关潜修佛学两年，深研佛学法相唯识诸宗经论，旁及中西哲学诸论著，法学精进，深有所得。1916年出关后，他即赴中国台湾、日本考察佛教并讲学，两年后创设“觉社”，主编《觉社丛刊》（后改《海潮音》月刊），继而遍访英、美、法、德等国，宣扬佛学。

1929年，太虚到厦门住持南普陀寺和闽南佛学院事务。他对学制和教学内容进行改革，增设研究生部，分立专修科系，由研究生员自由选修。他还亲自为学僧讲学，要求学僧要“学行”双修，讲论《僧教育要建立在律仪之上》。并先后开讲《佛学之宗旨与目的》《学僧佛学纲要》，又以《现代僧教育之危亡与佛教之前途》为题，极力反对士大夫经院式的法师传法的僧教育方式。其鼓励学僧要以振兴佛教、昌明佛法为己任，养成刻苦耐劳的体魄和清苦淡泊的意志，为兴教献身而勇猛精进。经太虚亲自教诲和整顿，闽南佛学院院风院貌焕然一新，进而使学院成为全国一流的、典型的佛教高等学府，蜚声中外，造就一批德才兼备的名僧大德。闽南佛学院毕业的学僧，遍布海内外，有的从事佛学研究，成为国内外知名的大法师；有的为名山巨刹住持，成为振兴佛教的栋梁之材。

抗日战争爆发，太虚为抗日救国竭力奔走，呼吁全国佛教徒行动起来，并首先发表《电告日本佛教徒书》，要求日本佛教徒以佛教“和平止杀”的精神，制止日本帝国主义的侵略战争。同时又通电全国佛教徒，播讲《佛教与护国》的论述，动员组织“佛教青年护国团”，积极参加救护工作、宣传工作以及地下斗争工作。他响应“航空救国”和“伤兵之友”等抗日爱国活动，募资捐款支援前线。他又发起组织佛教“国际访问团”，远赴缅甸、印度以及新加坡、马来西亚各地，宣传抗日救国，发动各地华侨、华人和广大佛教徒、佛教团体，积极支援祖国抗战。1946 年元旦，国民政府授予他宗教领袖胜利勋章。

1947 年 3 月 17 日，太虚于上海玉佛禅寺圆寂，荼毗后得舍利子 300 余颗。主要著作有《整理僧伽制度论》、《释新僧》、《新的唯识论》、《法理唯识学》和《真现实论》等，后由其门下弟子编辑为《太虚大师全书》行世。

四 禅宗文化 博深又弥远

1 “默照禅”与“看话禅”之辩

正觉禅师是天童禅寺的“中兴之祖”，同时也是曹洞宗的“中兴之祖”。

南宋初期，临济宗杨岐派高僧宗杲禅师极力倡导“看话禅”，即以考察公案、只看古代禅师话头而求开悟的禅法。由于“看话头”是士大夫学佛参禅的最适合的方法，在很大程度上适应了士大夫的参禅需要，因而大行其道，在临安径山能仁寺，诸方云集，宗风丕振。

曹洞宗十世传人正觉禅师却认为，“看话禅”滞于公案功夫，不利解脱，于是提出了与之相对立的“默照禅”。“默”是指沉默专心坐禅；“照”是以智慧观照原本清净的灵知心性。“默照禅”就是守默与般若观照相结合的禅法，是以打坐为主的修习方式。

正觉禅师强调，“默”与“照”是禅修不可缺少的两个方面，两者应当结合，统一起来。他说：“缄默之妙，本光自照。”默是照的体（本），照是默的用，体用融合为一。他在《默照铭》中表达了这样的观点：默即有照，照体现默，默照相即；照中不能失默，默中不能失照，只有默照婉转回互，相辅相成，才是理圆无碍；只有默照理圆，才能透顶透底，完全觉悟，终至解脱。

正觉禅师还把默照修持与体用学说结合起来，提出了以“四借”法来启导学人的禅修要路。其一是“借功明位”，“功”指用，“位”指体，要透过现象界万物的作用以明确其本体。其二是“借位明功”，以万物的本体明确其作用。其三是“借借不借借”，意即万物的本体与作用共忘，空寂无物。其四是“全超不借借”，指超越第三的空位，进入一念不存的自由境界。这也是默照禅修持的过程。

在唯心论和般若学的思想基础上，正觉禅师以“心空”为默照禅追求的目标。他说：“一切诸法，皆是心地上妄想缘影。”其认为一切现象、形相都是心的产物。心是万法的本体，也是解脱的枢纽。他说：“你但只管放，教心地下一切皆空，一切皆尽，个是本来时节。”“心空”就是“心地下一切皆空，一切皆尽”，就是“本来时节”，就是众生和宇宙的本来面目。

为了达到“心空”境界，正觉禅师首先强调参究“空劫前事”。所谓“空劫前事”，就是静坐观照“如何是空劫以前自己”。佛教认为，世界经历成、住、坏、空四个阶段不断循环的过程，每循环一次，称为一“大劫”。“空劫”是“唯有虚空”的阶段，也就是世界出现前的空寂时代，此时天地未开，混沌一片，无一切对待差别，是为本来面目。正觉提倡观照空劫前的状况，以使“心空”冥合空劫前的本来面目。

其次，正觉还强调要注意“彻见离微”。正觉禅师说：“默照之道，离微之根；彻见离微，金梭玉机。”“离”是离开诸相而寂灭无余，是法性的体；“微”是微妙之不可思议，是法性现象存在的用。正觉禅师认为，遵循默照之道，就能彻见人生宇宙一切现象存在的本源，也就能显示般若智慧的微妙作用，灭除烦恼，获得解脱。

最后是注意“不对缘而照”。正觉禅师认为诸佛和祖师的禅修秘要是“不触事而知”和“不对缘而照”，如此必知微照妙。关于“不对缘而照”，他还展开说：“真实做处，唯静坐默究，深有所诣。外不被因缘流转，其心虚则容，其照妙则准；内无攀缘之思，廓然独存而不昏，灵然绝待而自得”。“不对缘”是既不为外缘所流转，也不为内缘所左右；既不受外界事物所影响，也没有内在感觉思维活动，如此就能心虚照妙，不昏

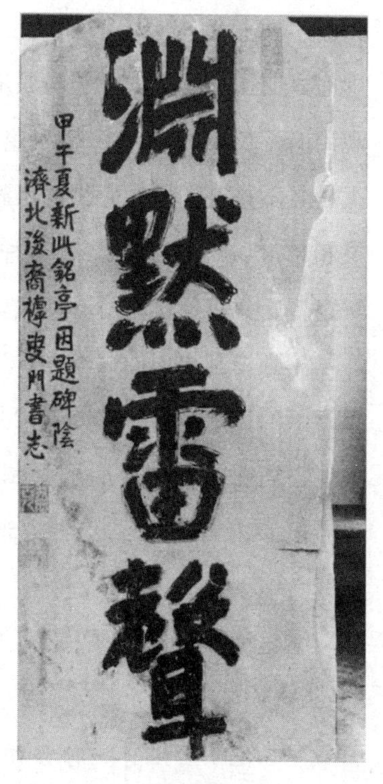

宋牧云禅师书“渊默雷声”碑

自得，廓然忘像，皎然莹明，进而面对一切事物，也就无纤毫芥蒂的障碍，获得圆通自在。

以上三点，可以说是“默照禅”的特征。正觉禅师的心要开示，扬弃了洞山、曹山及历代宗师的烦琐名相，删繁就简，直截了当，恢复了曹洞宗的生机与活力。

正觉禅师的“默照禅”，是渊源于菩提达摩的壁观安心法门，以及神秀的长坐不卧禅法，是对菩提达摩和神秀坐禅法门的回归。但是在观照的对象与内容方面，正觉禅师并不赞同神秀的“身是菩提树，心如明镜台”的说法，而他认为，本心虚净光明，不受尘埃污染，没有身、心一类的特定观照对象，观照时不仅要扫除一切的观照对象，而且观照者自身也要寂灭。其不是基于原罪意识的宗教救赎，而是基于本心虚净的心灵超越。从这方面看，“默照禅”又是继承希迁禅师以来的禅法宗旨，并将其推向身心彻底空寂的极致。

正觉禅师提倡的“默照禅”，受到“看话禅”的倡导者宗杲禅师的猛烈抨击，斥其为“外道”“邪师”“邪禅”，并以卫道者自居，声称“今时邪师辈，多以默照静坐为究竟法，疑误后昆。山野不怕结怨，力诋之，以报佛恩，救末法之弊也”。

宗杲禅师在《答曹太尉功显》书信中说：

> 近年丛林有一种邪禅，以闭目藏睛、觜卢都地作妄想，谓之不思议事，亦谓之威音那畔空劫已前事。……以悟为落在第二头，以悟为枝叶边事。盖渠初发步时便错

了，亦不知是错，以悟为建立。既自无悟门，亦不信有悟者。这般底谓之谤大般若、断佛慧命。

宗杲禅师在《答曾侍郎第三书》中也说：

今时有一种剃头外道，……教人随缘管带，忘情默照，照来照去，带来带去，转加迷闷，无有了期。殊失祖师方便，错指示人，教人一向虚生浪死，更教人是事莫管，但只恁么歇去，歇得来情念不生。到恁么时，不是冥然无知，直是惺惺历历。这般底，更是毒害瞎却人眼，不是小事。

《答陈少卿季任第一书》中指出：

近年以来，有一种邪师，说默照禅，教人十二时中，是事莫管，休去歇去。……岂不是将心休心、将心歇心、将心用心？若如此修行，如何不落外道、二乘禅寂断见境界？如何显得自心明妙受用、究竟安乐、如实清净、解脱变化之妙？

不可否认，宗杲看出了“默照禅”沉浸于“摄心静坐”，可能导致一定程度的“是事莫管”的流弊。但是更不可否认，他猛烈抨击的出发点，是为了维护临济宗的正统性。对于年龄相仿、声望并不亚于他的正觉禅师，宗杲言辞激烈，不但给

“默照禅”扣上“邪”字大帽子，而且指出正觉禅师是“谤大般若、断佛慧命”。这些言论，足见宗杲禅师对于“默照禅”及其创始者正觉禅师的诘难与攻击。而这样的诘难与攻击，不符佛教本有的和合精神。

“默照禅”与“看话禅”的根本分歧，说到底只是修行方式的不同而已，其向佛之心却是一致无异。禅宗的修行方式，本来就没有统一规定，完全可以按照宗派的理解和习惯各行其是，不必也不能强求一律。宗杲禅师的言行，显然也违背了这种禅修精神。

反观正觉禅师，在他留下的语录言论记载中，尽管也提到“看话禅”的弊端，但是大多以婉语规劝。后来宗杲受到官僚集团政治斗争的牵连，触怒秦桧，被剥夺衣牒，流放衡州、梅州十余年。正觉也没有落井下石，贬损“看话禅”而抬高“默照禅”。反而在绍兴二十五年（1155）宗杲遇赦、恢复僧籍的时候，他主动向朝廷推荐宗杲来住持阿育王寺。

为了让宗杲禅师顺利住持阿育王寺，正觉禅师考虑得非常周到。预计届时必定会有大批僧人随至育王寺，会使后勤供应措手不及。他就悄悄地代为筹谋，让天童寺后勤主管多储粮食。据《天童寺志》载：“明年，大慧至（阿育王寺），众盈万余指。未几，香积告匮，众皆皇皇，大慧不能措。宏智遂以所积之物尽发助之，由是一众咸受其济。慧诣谢曰：非古佛安能有此力!”

宗杲禅师上任伊始，便冒着严寒来天童寺拜访。正觉禅师则远远地来到小白岭上专程迎接。镇蟒塔旁，路亭里面，两位禅宗高僧终于相见。正觉作为主人，请宗杲先坐；宗杲不肯，请正觉先坐，互相作揖谦让，最后不次而坐。陪同的状元张孝祥感叹不已，说："三代礼乐，今归释氏矣！"手书"揖让"二字名亭，遂成胜迹。明代海怀禅师有诗云：

主盟斯道两齐眉，一段谦光尚蔼然。
坐顷顿还三代礼，典型千载揖云巅。

第二年，正觉禅师自知将逝，在圆寂前夕，致书宗杲请他主持后事，并书偈以别曰："钝鸟先飞易，灵龟脱壳难，我无你不去，你无我不行。"当时宗杲已去杭州住持能仁寺，接到书偈立刻赶来，为正觉禅师削发展拜，办理后事。他对众人说，正觉之死是"法幢摧，法梁折，法河干，法眼灭"。

可见宗杲对正觉的友谊何等之深，似乎与当年斥责"默照禅"为"外道""邪师""邪禅"的宗杲判若两人。其实，这里的奥秘，南宋大诗人陆游早就透露出来了。他为正觉所写的《赞诗》全文如下：

死诸葛走生仲达，死姚崇卖生张说。
看渠临了一著子，诸生倒退三千里。

第一句已在前文说明。这第二句，正是借用唐朝姚崇临终前算计活张说的典故，指出宗杲也中了正觉的"算计"，给他办后事说好话。陆游与宗杲关系密切，是众所周知的。显然，他很清楚宗杲在事后追悔莫及的心情，才会写下这样的诗句。

这段公案的隐情，可能连宋高宗也知道了。绍兴二十八年（1158），诏谥正觉“宏智禅师”，塔称“妙光之塔”；绍兴三十二年（1162），敕赐宗杲“大慧禅师”之号。汉语中的“智慧”二字，智胜于慧，智优于慧。也许在宋高宗看来，正觉可称“宏智”，那个被“算计”的宗杲，就叫“大慧”吧！

云游僧人挂单、参学处云和堂

2　天童与日禅之缘

日本禅宗源于中国，而把中国禅宗传入日本并且创立临济宗、曹洞宗的日僧荣西禅师、道元禅师，都是从天童寺归去后开山立派的。荣西得天童寺住持怀敞印可，将临济宗的黄龙派传到了日本。道元则是另一位住持——如净禅师的衣钵传人，使曹洞宗默照禅一系在日本开枝散叶、发扬光大。

怀敞是临济宗黄龙派第七世传人。临济宗黄龙派，因初祖慧南大师在南昌黄龙山崇恩院弘法而得名，当时法席鼎盛，宗风大振，遍及湖南、湖北、江西、闽粤等地，蔚成黄龙派，与杨歧派呈双峰并峙之势。黄龙慧南之法嗣为惟清，惟清之法嗣为守卓，守卓之法嗣为介谌，介谌之法嗣为昙贲，昙贲之法嗣为从瑾，从瑾之法嗣即怀敞。

南宋相国史浩曾问昙贲：“得宗门骨髓者为谁?”心闻昙贲答：“从瑾见地明白，辅以英锐之资，老僧不逮也。”史浩就请从瑾住持象山香灯院。宋淳熙十三年（1186），从瑾应天童寺之请任住持。三年任满，他将转住持雪窦寺，推荐万年寺住持怀敞接任。他和乃师一样，认为这个弟子已尽得宗门骨髓。就在这时，荣西跟着怀敞来到了天童寺。

荣西（1141～1215），字明庵，俗姓贺阳，日本备中（今冈山县）人，素来仰慕中国佛学，早在南宋乾道四年（1168）就曾随先哲脚步、重开已中断百年的来华修习之路，学法于天台、育王诸山，并且满载而归，带回天台章疏 20 余部。宋淳熙十四年（1187），荣西再次来华，本意是经由中国转赴佛教发源地印度，企求对佛法追本溯源，但因故未能成行，听说怀敞佛学造诣精深，便跑到天台万年寺拜师。

荣西当时已经46岁，了解天台教义，又学过密教，在日本已颇有名气。他能放弃朝圣的初衷而虔心随侍怀敞，不难想象，吸引他的必定是怀敞的道德学问。而据《天童寺志》记载，怀敞并无法嗣弟子，可见黄龙派已经后继乏人。因此当荣西在他身边尽心钻研，参究数年，终于悟入心要后，他认定荣西可以成为自己的法嗣。宋绍熙二年（1191）荣西回国的时候，怀敞并不在乎他是异国僧人，毫不犹豫地授予菩萨戒及法衣、印书、钵、坐具、宝瓶、拄杖、白拂等法物，以及释迦牟尼以下二十八祖图，并嘱咐荣西应善护持，归国布化，开示众生，继正法命，在东瀛弘扬临济宗黄龙派的禅法。

中国儒家历来重视“夷夏之辨”，主张“非我族类，其心必异”。当时南宋朝廷面临异族虎视眈眈、随时入侵的威胁，对于外国夷狄的不信任格外强烈。而中国佛教尽管是外来的宗教，并无“夷夏之大防”的观念，但是把一个宗派的衣钵传于外国僧人，还是史无前例的。怀敞敢为天下先，需要大智慧、大勇气、大目光。而天童寺允许他这样做，正是体现了它促进世界大祥和的禅文化。

事实证明，怀敞慧眼识人，荣西的确是个理想的衣钵传人。荣西将临济宗的黄龙派传到日本，引起巨大反响，一时间学徒云集，朝野尊尚。后应将军源赖之请，主席京都建仁寺，为该寺之开山祖。朝廷下令禁禅，荣西作《出家大纲》《兴禅护国论》加以辩护，名声大振。继之，其又应镰仓幕府之邀，创建寿福寺，并扩建建仁寺，设真言院、止观院，成为日本临济宗创始人。20 世纪 80 年代，据日本临黄协会会长有马赖底介绍，日本有 25 家宗派，其中 21 家都信奉临济宗。而饮水思源，信徒们当然不会忘了开山鼻祖荣西禅师与其恩师天童寺怀敞禅师。

荣西是个知恩图报的法嗣弟子。当年正觉禅师建造的千佛阁，岁久倾圮，且将弗支，怀敞立下了重建千佛阁、规模要超前的心愿。荣西为报“摄受之恩”，回到日本后，选购了许多“百围巨木”，捆载于大舶，海运至明州，然后“千夫咸集，浮江蔽河，辇致天童山中”。怀敞大喜：“吾事济矣！”于是鸠工度材，历时 3 年，费缗钱 20000 有奇，终于大功告成。资政殿大学士楼钥特作《千佛阁记》，叙述其雄伟壮丽：

> 凡为阁七间，高为三层。栋横十有四丈，其高十有二丈，深八十四尺，众楹俱三十有五尺。外开三门，上为藻井。井面上十有四尺，为虎座，大木交贯，坚致壮密，牢不可拔。上层又高七丈，举千佛居之。位置面势，无不曲当。外檐三，内檐四。檐牙高啄，直如引绳。旅楹有闲，翚飞跂翼，周延四阿，缭以栏楯，内为绮疏，表里明豁。自下仰上，如见昆阆，梵呗磬钟，半空振响。徜徉登览四山，下瞰河汉星斗，如在栏槛。御书金榜，巍乎中峙。翊以翔龙，护以绛绡，高出云霄之上，真足以弹压山川，传示千古。善财童子，大庄严藏，入见楼阁，广博无量，则

不可知。若经行四方，室屋巨丽，殆未见其比也！

天童寺千佛阁为当时东南第一大殿，时隔不久，天童寺被列入“禅院五山十刹”，怀敞建千佛阁功不可没。但国内的临济宗黄龙派的法统，在他之后即告断绝，使原来与黄龙派并盛的杨岐派一枝独秀，恢复临济旧称。而天童寺与日本的禅缘，也就此结交下来。

嘉定十六年（1223），荣西弟子明全率法弟道元入宋。次年荣西忌辰，明全在天童山施楮卷千缗，捐寄各库，又设斋施众僧。第二年他病寂于天童了然寮。而跟来的道元，则在天童寺创造与荣西性质相同的奇迹，从这里将曹洞宗默照禅带回了日本。

道元

道元（1200～1254），字希玄，日本京都人，贵族出身，自幼父母双亡，但聪颖异常。他心向佛门，14 岁出家，广读经典，曾入荣西之室，不料荣西示灭，乃师事明全，并随之来华。他先随天童寺住持了派阅览佛眼、云门系嗣书；不久了派示寂，便外出遍访江浙名刹。宝庆元年（1225），其得知如净禅师住持天童寺，赶忙返山拜谒，递上请愿文：

> 道元，幼年发菩提心，在本国访道于诸师，仅识因果之所由。虽然如是，未明佛、法、僧之实旨，徒滞名相之怀标；后入（荣西）千光禅师之室，初闻临济之宗风。今随全法师而入炎宋。航海万里，任幻身于波涛，遂达大宋，得投和尚之法席，盖是宿福之庆幸也。和尚大慈大悲，外国远方人所愿者：不拘时候，不具威仪，频频上方丈，欲拜问愚怀。无常迅速，生死事大，时不待人，去圣必悔。本师堂上和尚大禅师，大慈大悲，哀愍许听道元问法。伏冀慈照。

如净（1163～1228），字长翁，俗姓俞，明州苇江（今北仑）人，曹洞宗默照禅一系的四传法嗣。正觉早年随子淳参学，由此悟道。子淳的另一高足清了的徒弟宗珏，在正觉住持天童寺时任首座，两人一起弘扬坐禅默照之宗风。学者闻风而至，多逾千人。其中有位智鉴禅师，曾谒清了，宗珏便多与方便，让他隐居苦参，久之得悟，乃嗣宗珏法绪。后来智鉴住持雪窦寺，四方远来学法，门风大振。如净就在此时拜入雪窦寺智鉴门下，得法之后，遍参禅席，弘扬曹洞禅风，先后住持建康清凉寺、台州瑞岩净土寺、临安府净慈寺、明州瑞岩寺、杭州净慈寺，最后受诏住持天童寺，已经声名远播，被尊为"人天导师，一代宗匠"。

如净展阅道元的请愿文，很受感动，亲切地回复道："元子参问，不拘昼夜时候，着衣袒衣而来方丈问道，无妨。老僧一如亲父，许无礼也。”

道元从此师事如净，参问所疑。一日，如净入堂，见一禅徒不坐禅而在打瞌睡，气得大声呵斥道：“参禅者只管身心脱落。你只管打瞌睡，什么意思?”道元听闻此话，豁然大悟。随后赴方丈烧香礼拜。如净问来由。道元说：“身心脱落来。”如净道：“身心脱落，脱落身心。”道元言：“这个是暂时伎俩，和尚莫乱印。”如净说：“我不乱印你。”道元说：“如何是不乱印底事?”如净：“脱落！脱落!”说完，这位南宋曹洞宗的法门龙象便授道元以嗣书图，令道元正式继承其衣钵，并将道楷禅师穿过的袈裟、洞山良价所著《宝镜三昧歌》与《五位显诀》等曹洞传法信物，以及他的自赞顶相，悉数尽付，令其东归，弘扬曹洞宗默照禅。

如净的法嗣弟子还有石林秀、孤蟾莹等人，道元入门最晚，但如净偏偏把传法信物全都给他，任其跨海东去。

毫无疑问，如净首先是看中了道元的悟心。学禅最重顿悟心性。如净一生注重坐禅默照修行，自19岁出家以来，无时无地不以坐禅为务，乃至臀肉烂坏。他对当时禅宗界的修行方式非常不满，认为“如今个个只管道云门、法眼、沩仰、临济、曹洞等家风有别者，不是佛法，也不是祖师道也”；“近年祖师道废，魔党畜生多频频举五家门风，苦哉！苦哉!”于是他竭力矫正，将默照禅推向极致，宣示“参禅者身心脱落也，不用烧香、礼佛、念佛、修忏、看经，只管打坐而已”。然而能够领悟他的良苦用心与真正禅意的僧人实在太少了。而道元虽只师从其两年，却很快就领悟了“身心脱落”的禅意。也就是说，道元在如净的点醒之下，以其非凡的领悟能力而豁然大悟，一时之间泯灭了一切知觉意识所能感受到的外在形相，身心脱落，无碍无滞，活泼地开显其本心自性。或许，如净从未碰到过这样的弟子，当然是深得其心，相传如净曾对道元有“尔虽后辈，颇有古貌”的评语，因此，如净把衣钵传给了他。而道元回国后即撰《普劝坐禅仪》，以此作为他立教开宗的宣言，在总结入宋求法时说：“只是等闲见天童先师，当下认得眼横鼻直，不被人瞒，便空手还乡，所以无一毫佛法与人。”可见他学得的也就是明悟禅心。

其次，在如净眼里，佛陀设教，旨在普度众生。因缘成熟，何分国别民族？一衣带水水长流，十二因缘缘无尽。禅宗发展至南宋，僧界惑溺名利，风纪颓败。如净为人豪放、见处高迈，对此深恶痛绝，以浩荡洒脱之劲，恶拳痛棒指斥时弊，不幸却收效甚微，无力回天。在如净看来，佛光普照，不分国别；众生受教，不分族群。所以如净在临别时赠语道元：“汝以异域人，授之表信，归国布化，广利人天。莫住城邑聚落，莫近国王大臣，只居深山幽谷，接得一个半个，勿令吾宗致断。”

道元不负恩师厚望，归国后开创永平寺，成为日本曹洞宗的始祖，其禅林轨则，一概取法天童。他也谨遵如净嘱咐，深居山林，不主动结交显贵，“只管打坐”。日本曹洞宗正是以如净默照禅的理论为依据，认为通过坐禅的实践得到身心安宁，当下即是佛身。同时，以坐禅的精神安住在“行住坐卧”

的生活中，与人安稳而和平地相处，在每天生活中善用其心，在人与人相处中寻找喜悦，这就是曹洞宗追求的生活方式。

如净不但送走了道元，又命另一位弟子智深（1207～1299）紧随其后东渡，帮助弘法。智深也是宋代第一位前往日本的中国僧人。他先住兴圣寺，继居永平寺，再赴大野郡（今大野市）万福山银杏峰麓坐禅修持，后得资助，建造宝庆寺，成为日本曹洞宗第二道场。智深住持该寺长达30余年，直至元大德四年（1300）圆寂。1988年，日本大野市市长山内武士及宝庆寺住职北野良道率“寂圆禅师回乡探亲团”参访天童禅寺。1990年在天童禅寺立《寂圆禅师参学灵迹碑》。

继智深东渡扶桑的天童寺僧是道隆（1213～1278）。南宋淳祐六年（1246），他应日僧智镜之请，偕弟子绍仁、龙江等赴日弘化，按宋地清规，阐扬禅风。日本建长元年（1249），受执政北条时赖敦请，道隆住粟船常乐寺，修建禅堂，并在开堂上堂时宣示“种种依唐式行持”，是为镰仓第一座禅宗道场。建长五年（1253），北条时赖又委托道隆创建“建长兴国禅寺”，并请他出任“开山第一世”。然后他募铸大钟，自撰铭文，署名“建长禅寺住持宋沙门道隆谨识”，从此日本始有禅寺之称。

日本康元元年（1256），道隆亲为北条时赖剃度。幕府将军皈依禅宗，对日本武士的精神影响尤为深远，成为这一时期的主流意识形态，稳固了北条体制，出现“镰仓盛世”的局面。而他传播的禅宗教旨，也使日本佛教从上层贵族的圈子里解放出来，成为大众的宗教。从天皇到幕府，从武士到百姓，上下深信禅法。当他圆寂时，日本亀山天皇敕赐“大觉禅师”谥号，为日本天皇赐予僧人法号之始，也是日本有禅师称号的第一人。所以当一山一宁高僧去日后，赞扬道隆是“此土禅宗初祖”。

道隆在东瀛传授禅法的过程中，往往援儒入佛，掺入理学思想，因此他也兼带传授了宋代理学，成为日本宋学史上的一位重要人物。道隆还给日本带去了禅寺建筑、禅籍刊印。在书法绘画方面，他把宋代的山水画带到日本，成为日本山水画的创始者。他因追慕黄庭坚而形成笔力遒劲的书法，对日本禅林的书法也有重大影响，成为与“荣西书派”并行的重要一派。

道隆在日本建长寺示寂后，执政北条时宗手书请帖，再求高僧。其帖云：“时宗留意宗乘，积有年序。建塔梵苑，安止缁流。但时宗每忆树有其根，水有其源，是以欲请宋朝名僧，助行此道。”于是，天童寺又派本寺寺首祖元（1226～1286），偕法侄觉圆、弟子一镜东渡。祖元继承道隆遗志，住建长寺，宣扬禅宗。执政北条时宗、武藏守宗政暨众多镰仓武士，相率前来参禅问法，祖元倍感欣慰。等到圆觉寺建成，他又被请为“开山第一祖”，赠号“圆满常照禅师”。

怀敞与荣西，如净与道元，是中国佛教史上空前绝后的传承，其都发生在天童寺，彰显了天童寺追求世界大祥和的禅文化。天童寺为中日之间开启了佛禅之缘，从此僧侣来往，不绝如缕，源远流长，禅缘深厚。据不完全统计，东渡扶桑、弘化禅宗的著名僧侣还有：

绍仁 道隆弟子，随师东渡，圆寂后敕谥“普觉禅师”。

士昙 1271～1278 年在日本，1299 年再赴日，1306 年圆寂于平观寺，塔于建长寺，敕谥“大通禅师”。其法统称“西涧派”或“大通门派”，为日本禅宗二十四流之一。

觉圆 与一镜同随祖元至日。历住禅圣、净智、圆觉、建长、建仁等寺，弘法利生，禅风卓著。1306 年示寂，谥号“大圆禅师”。

一宁 1299 年赴日，法席鼎盛，得宁多天皇及贵族之信任，1317 年示寂，赐“国师”号。

楚俊 1329 年以天童寺首座应聘赴日，传临济宗法，历主建长、南禅、建仁诸名刹，醍醐天皇赐“佛日焰慧禅师”号。1336 年圆寂于建仁寺。

永玙 1351 年东渡，创日本禅宗“东陵派”一系，1365 年示寂，赐号“妙应光国慧海慈济禅师”。

隆琦 1654 年率弟子性善、性机、性派等东渡。创建黄檗万福寺，开创黄檗宗，1673 年圆寂，敕赐“大光普照佛慈广鉴国师”谥号。

来华取经学法的日僧，据不完全统计有：

辨圆 荣西法孙，1235～1243 年在华，历参天童、净慈、灵隐诸山，谒道冲、妙堪、法熏等名宿，登径山继无准师范法统，带回经论章疏、语录、儒书等数千卷，对日本文化厥功甚伟。宣唱教禅一致之学。

智镜 1238 年入宋，住天童寺，与道隆有深交。劝道隆东渡去日。

静照　辨圆弟子，1252～1265年在华，回日创佛心寺于京都、大庆寺于相模。

义尹　道元弟子，1253～1267年在华，回日开创大慈寺。

顺空　辨圆弟子，1231～1241年在华，曾来天童参了慧。

义介　1259～1263年在华，携若干伽蓝、法具图录回国，任永平寺第三世祖，创加贺（石川县）大乘寺。

德俭　道隆弟子，1270年前后入宋，8年后回国，历主建仁、建长、南禅等寺，后宇多上皇赐“佛行国师”号。

德见　一宁法嗣。1305～1350年在华，其间受邀主席隆兴、兜率寺，为日僧住持中国禅林之始。回国后历主南禅、天龙等寺，敕赐“真源大照禅师”号。

友梅　1308年来天童寺参学，命运多舛，元文宗赐号“宏觉真空禅师”。1328年回日本，历主慈云、西禅、万寿等寺，于播磨建法云寺。有语录及游蜀诗章《岷峨集》行世，为日本“五山文学”之创始人。

居中　1309年春至天童参东岩日，不久回国。1318年再次来天童寺谒云岫，1323年回国。为《一山一宁国师语录》编者。敕赐“大本禅师”号。

觉明　1311年来华，至天童参云岫及古林清茂等诸老。回国后，在出云开创云树寺，在和泉开创大雄寺。醍醐天皇召至行在，受戒法。敕赐“三元国济国师”号。

中津　1367年与良佐同来华，曾一起谒明太祖朱元璋，良佐在钟山和五山长老一起点校《大藏经》。1378年回国后，在阿波创建宝冠寺，受“佛智广照净印翊圣国师”封号。

中珊 1434年入明，在天童山参修达19年，归国后住持越后慈光寺。

雪舟

雪舟 1467年抵宁波，即入天童山参禅。翌年，受邀为京城礼部院中堂作巨幅壁画，得明宪宗朱见深赏识，命为“天童第一座”。雪舟天性善画，于佛、菩萨、罗汉等像，援笔立成，生意逼真，绝无计划。凡求索者，遍应无拒，故人皆德之。雪舟在华期间，学设色破墨之法，深得宋、元、明诸大家画技之精髓。1469年归国，创“天开图画楼”，取天地开辟之意。1478年其住益田崇观寺，晚住东光寺（今大喜庵）。益田市现有“雪舟墓”与“雪舟纪念馆”，立有铜像。雪舟之画汲取南宋马远、夏珪等画风，结合日本民族绘画特点，自创风格，被称为“云谷派一流画圣”。其画得天童太白山水壮丽景色之感染，结构雄伟，笔调奔放。其画爱以“天童第一座”署名，代表作有《四季山水图》《慧可断臂图》《山水长卷》等，被视为日本国宝。他还被世界和平理事会列为世界文化名人。

3 圆悟与法藏之争

圆悟的弟子遍布天下，剃度弟子300余人，嗣法弟子12

人，即如学、法藏、海明、通容、通乘、通忍、通微、道忞、通云、通门、通贤和通奇。其中，影响最大的是法藏、海明、通容、道忞等。此外，与圆悟有往来的士大夫也不在少数，当时“吴越闽楚，名公巨儒，慕师宗风，或晨夕随侍，或尺素相通，或邂逅咨请，得师激发，无不虚往而实归”。圆悟的声望和影响可见一斑。

这十二大弟子中，最特殊的莫过于法藏。因为他是出于特殊原因才嗣法圆悟的，当时其声望并不亚于乃师，而且两人之间，始终没有真正的师徒之情，所以从一开始就存在论争的必然性。

法藏（1573～1635），字汉月，俗姓苏，江苏无锡人。其出生于儒学世家，少年时期受过良好教育。15 岁即矢志出家，19 岁得度，28 岁行脚，乞云栖莲池受戒。通儒术，精《易经》。受戒后遍参大德，得元朝临济巨匠高峰原妙的《临济正源》，“读之如逢故物”。遂隐居虞山三峰寺，屡设死关苦参其中奥义，万历四十年（1612）二月，又入百日不语死关，偶闻折竹声，触机顿悟，于是开山立派，说法不倦。座下弟子，有弘储、弘礼、弘成、弘忍、弘垣和弘璧，俱得法藏真传。三峰寺由此禅风大振，冠于常熟乃至江苏，与浙江的灵隐、天童并峙。

然而当时的释氏禅宗，用大儒黄宗羲的话来说，无论临济、云门、沩仰还是法眼、曹洞，全都“以大道为私门，豪杰之士生于其间者，附不附皆不可，擎拳撑脚，独往独来于人世，则指为失父之零丁”。也就是说，像法藏这样的散修，不管你造诣有多精，影响有多大，终归要拜入一个师门，才算是名正言顺。于是法藏前往金粟山广慧禅寺参拜圆悟，圆悟当然很高兴，授予从未设立的“第一座”殊荣，而且“手书从上承嗣源流，并信拂付嘱”法藏。不料，法藏当场请教临济来源，圆悟但说“直指人心，见性成佛”，答案未能使法藏满意，所以未受其衣拂，回到虞山三峰清凉院。后来，曹洞宗云门系祖师圆澄也想授其衣钵，法藏就去了绍兴安隐寺。然而等他到时，湛然已经圆寂。而圆悟又遣专人，将衣拂及手书临济源交给法藏。这次法藏接受了，成为圆悟的十二法嗣之一，也成了临济宗名正言顺的宗师。

崇祯元年（1628），法藏写成《五宗原》，系统梳理了五家宗旨，阐述了他的一些禅宗观点，认为禅宗五宗都应有自己的主旨，在祖师禅和如来禅的问题上厘清头绪，反对狂禅、邪禅。崇祯三年（1630），他向圆悟呈上《五宗原》。圆悟老成持重，阅后不发表意见，转给师弟圆修。圆修致信法藏，批评他不尊师重道，法藏立马回信反驳。圆修将此信交于圆悟，圆悟规劝法藏，法藏也照驳不误。

这时，圆悟已经意识到，法藏拜师，是要打着重树临济正宗的旗号而创宗立派。他忍无可忍，在崇祯四年（1631）发表了《辟妄七书》。翌年，法藏作《智证传》回击。崇祯八年（1635），法藏圆寂。圆悟又著《辟妄三录》，批判《五宗原》；道忞也撰《五宗辟》斥责师兄。崇祯十年（1637），法藏弟子弘忍著《五宗救》10 卷，维护师说，反驳师祖圆悟，但他在次年也驾鹤西去。圆悟则继续撰《辟妄救略说》，四年后，也示寂于天童寺。

圆悟和法藏之间，争论的焦点可归纳为圆相、宗旨和棒喝。

所谓“圆相”，法藏在《五宗原》中开宗明义就指出：“尝见绘事家图七佛之始，始于威音王佛。惟大作一‘○’。圆相之后，则七佛各有言诠。言诠虽异，而诸佛之偈旨，不出圆相也。夫威者，形之外者也。音者，声之外者也。威音王者，形声之外，未有出载，无所考据，文字以前最上事也。若龙树所现，而仰山所谓无相三昧，燃灯以前是也。圆相出于西天诸祖，七佛偈出于达摩传来，盖有所本也。尝试原之，圆相早具五家宗旨矣。”

法藏这段话的意思是：七佛始于威音王佛。威音王佛是圆相的形象化表征。圆相之后，七佛各自都有语言阐释。七佛的阐释虽有不同，而诸佛所说无非圆相。威音王佛离言绝相，所以并不能从历史意义上对其考证。圆相的概念始于龙树，又由菩提达摩传入中国。圆相已经包含了中国禅宗五家的宗旨。

而圆悟不满法藏的“圆相说”，在《辟妄救略说》中指出法藏“只作此一‘○’，正是汉月根本错处”。卷4又说：“汉月不识五宗正旨，妄捏一‘○’，为千佛万佛之祖，正法眼藏已被汉月抹杀。更谓五宗各出‘○’之一面，任汝作《五宗原》、《五宗救》，建立五宗，实乃抹杀五宗；任汝执三玄三要、四宾主、四料简，举扬临济，实乃抹杀临济。”

其次是宗旨问题。法藏是从两方面来阐述的。一方面，肯定五家宗旨同具“正法眼藏”，本质相同。“佛不云乎：吾有正法眼藏、涅槃妙心、实相无相、微妙法门，付嘱摩诃大迦叶。夫涅槃妙心，即吾人本具之广大心体也；正法眼藏，即双明双暗、同死同生之金刚眼也。心即眼，眼即心，实相而无相者也。如国之印玺然，无前际、无后际、无中际，一印而文理备焉。”也就是说，既然“正法眼藏”是佛付嘱摩诃迦叶传下来的，那么任何一个宗派都不能违背。

另一方面，法藏指出五家宗旨各有法脉，应当重视法脉的传承。“故五宗恐其法灭也，显言宗旨以付授。付授之久，因不悟心者认有法可传，而学法不参心也。故后之悟心豪杰欲抹杀宗旨，单存悟见也。此心法不同各偏之弊耳。兹直注佛祖相传之心法，以示心法同传之旨。愿后人信之，则多子之谶不诬，而千万有余之言始实矣。若必重自悟，而抹杀相传之法，必非悟心之士也。何以故？以其见有法故。见有法即与自心违故，既悟见有法，则所悟之心亦伪故。呜呼！自心师法，不可动着。动着则入地狱，如箭射。”这是针对当时两种弊端——学法不参心和悟心却抹杀宗旨而发的议论。

圆悟对这一“宗旨说”同样持反对态度。他认为五家宗旨原本就“共宗无异”。“汉月要建立五宗，殊不知从上已来，佛法的大意，惟直指一切人，不从人得之本来，为正法眼藏，为曹溪正脉，为五家无异之正宗正旨。”

最后是关于圆悟最得意的“棒喝”。他始终把棒喝当作接引学人“直指人心，见性成佛”的宗旨，当年法藏向他请教临济来源，他就是用“临济出世，惟以棒喝接人，不得如何若何，只贵单刀直入”回答的。他又说过：“老僧拈条白棒，问着便打，直教一个个迥然独脱，无倚无依，这便是老僧的宗旨。”

法藏则认为，棒喝尽管有成效，但不分青红皂白，一味劈头盖脸地棒喝，就不见得是好办法了。“况今乱统之病，方炽然于丛林。师家头破额裂而不能禁，对打还拳而不能辩，裨贩满途而不能制止，反汲汲焉以抹杀宗旨为务，是犹疾患满门而叱医却药。”弘忍更是含沙射影地直指圆悟：“诸老宿不察三峰（汉月）之用心，憎其异己，至欲抹杀从上相承之法印，自谓一棒到底，不立窠臼。独不思棒喝之始自谁乎？”既然说“棒喝机锋，始自马祖”，那么“马祖已上，未尝用棒喝也！”

圆悟爪发塔

圆悟与法藏之争，焦点就在上述三个问题。但无论怎么看，总归是禅宗内部的学术论争。

清雍正十一年（1733），距离圆悟与法藏之争恰好百年，雍正帝在批道忞《北游集》的同时，推出了御笔亲撰《拣魔辩异录》，把法藏和他的三峰派子嗣比作魔子魔孙，予以严厉打击。他在上谕中一开始就旗帜鲜明地支持圆悟：

> 朕览密云悟天隐修语录，其言句机用，单提向上，直指人心，乃契西来的意，得曹溪正脉者。及见密云悟语录内，示其徒法藏辟妄语，其中所据法藏之言，骇其全迷本性，无知妄说，不但不知佛法宗旨，然即其本师悟处，亦全未窥见，肆其臆诞，诳世惑人。此真外魔知见。所以其师一辟再辟，而天隐修亦有释疑普说，以斥其谬。然当日魔心不歇，其所著述，不行即毁，如魔嗣弘忍，中其毒者，复有《五宗救》一书，一并流传，冀魔说之不朽，造魔业于无穷。

雍正以帝王而兼禅师的立场，对法藏和弘忍的学说观点一一进行了批驳。但是他的醉翁之意，其实并不在于论争本身或是只想钳制僧人的思想与观念，而是要从法系传承上对禅宗施加决定性的影响，同时铲除隐藏在佛门内的反清复明势力。

当时，大批明代遗民不甘于异族统治，纷纷遁入空门。他们结交怀旧的士大夫，并且不守戒律，在江南地区形成一股不小的社会力量。法藏一派，正是“门多忠义，亦易为不喜者生瞠”。这不能不引起清王朝的警觉。所以雍正帝在大批判后指出：“二人者，实为空王之乱臣、密云之贼子，世出世间法并不可容者”。也就是说，法藏和弘忍已被钦定为“乱臣贼子”，世间法、出世间法均不能容，人人得而诛之。于是雍正帝进行了斩草除根式的打击：

> 当日魔藏取悦士大夫为之保护，使缁徒竞相逐块，遂引为种类，其徒至今散布人间不少。宗门衰坏，职此之由。朕今不加屏斥，魔法何时熄灭？着将藏内所有藏忍语录，并《五宗原》、《五宗救》等书，尽行毁板，僧徒不许私自收藏。有违旨隐匿者，发觉，以不敬律论。另将《五宗救》一书，逐条驳正，刻入藏内，使后世具正知见者，知其魔异，不起他疑。天童密云悟派下法藏一支，所有徒众，着直省督抚详细查明，尽削去支派，永不许复入祖庭。果能于他方参学，得正知见，别嗣他宗，方许秉拂。谕到之日，天下祖庭系法藏子孙开堂者，即撤钟板，不许说法，地方官即择天童下别支承接方丈。

雍正皇帝声称：“如伊门下僧徒固守魔说，自谓法乳不谬、正契别传之旨，实得临济之宗，不肯心悦诚服、梦觉醉醒者，着来见朕，令其面陈，朕自以佛法与之较量。如果见过于朕，所论尤高，朕即收回原旨，仍立三峰宗派。如伎俩已穷，负固不服，以世法哀求者，则朕以世法从重治罪，莫贻后悔。”

各地官员则是雷厉风行、不折不扣地执行雍正帝的谕旨。苏州巡抚高其倬将查处法藏徒众的事宜，向雍正帝进行了奏报：

> 苏州巡抚臣高其倬谨奏：为奏明事。前钦奉圣谕：天童密云悟派下法藏一支，所有徒众，着直省督抚详细查明，尽削去支派，永不许复入祖庭……法藏子孙开堂者，即撤钟板，不许说法。钦此。
>
> 臣逐一钦遵，节次行催各地方官确查办理。兹据江苏各属查明，灵谷寺、崇报寺、圣恩寺、白马寺、翠岩寺、北寺、瑞光寺、开元寺、宁邦寺、拈花寺、宝云寺、清凉寺、宝轮寺、天宁寺、北来寺、上方寺俱系法藏子孙开堂之所，即撤钟板，不许说法，并削去支派，永不许复入祖庭。臣现在会同臣海保商择天童下别支承接，另行具奏。其常住并十方参学人，并未动摇惊扰。又，圣恩寺、白马寺查出《三峰语录》并板。翠岩寺、清凉寺查出《五宗救》，俱即销毁。再据各属具报，并无行峰支派开堂说法者，亦无性音法嗣纪载伊师恩遇之处，并木陈忞之《北游集》、行峰之《侍香纪略》，圣祖仁皇帝巡幸时僧衲书写时事、妄夸恩遇之书。臣恐查未详悉，复又谆饬细查，并密加察访另奏外，所有查明法藏徒众，削去支派，并撤钟板缘由，缮折奏明。谨奏。

雍正朱批："知道了。此等事，卿自然察得尽力详悉……"而在回批李卫的奏折中，他对道忞也没放过，称其为"宗门罪人"。雍正帝唯独欣赏圆悟。苏州巡抚高其倬奏章中所提"商择天童下别支承接，另行具奏"；虽然不清楚具体是哪些僧人，但可以肯定，必然出自圆悟门下另外十大弟子的法系。

由此联想到雍正帝敕赐天童禅寺“慈云密布”之匾，也许圣意就在于此，暗指密云。

雍正的谕旨，是中国佛教史上封建帝王对佛教典籍、教义及教派进行强制干预的第一起案例。宗教具有内在与外在两类基本要素。内在要素包括宗教的观念、宗教的体验；外在要素包括宗教的行为、宗教的组织与制度。雍正帝禁毁《五宗原》《五宗救》等书，可以视为对佛教内在要素的处置。而他明令停止法藏一派的法脉传承，实质上改变了佛教的组织形态，是对佛教外在要素施加决定性影响。结果，从根本上改变了清代佛教的发展方向及进程。正如国学大师南怀瑾所言：“从雍正的整饬佛教和禅宗以后，便使中国的禅宗，局限于高旻寺的禅堂之中，只以参一句‘念佛是谁’的话头，定为参禅的风规，直到现在。这倒合了一句古话：‘良冶之门多钝铁，良医之门多病人’。”

学术界大都认为，雍正皇帝受当时读书人及后世攻击的真正原因，就是他严厉整顿佛教禅林的结果。但由此也可看出，天童禅文化的博深弥远。

4　研究与交流之基

天童道场，历来以“禅寺文化”为核心，传播海内外，影响佛教界。而这一切，都离不开研究与交流。上述的“默照禅”与“看话禅”之辩、天童与日禅之缘、圆悟与汉藏之争正是天童道场研究与交流的最经典案例，也是中国佛教史上的精彩篇章。

近代以来，东西文明碰撞激烈，中国佛教风狂雨骤，许多寺院自顾不暇，为生存而苦苦挣扎，难免忽视佛学的研究与交流。但是，天童道场一如既往地关注重视研究与交流，虽然总体上数量减少，质量却堪称上乘。

结夏讲经，请名宿说法，早在天童禅寺相沿成习。年代久远的已经无稽，清末民初，首先被人关注的，是光绪二十一年（1895）谛闲禅师前来宣讲《法华经》。名僧谛闲（1858～1932），20岁剃度出家，24岁于天台山国清寺受具足戒，32岁由上海龙华寺方丈迹端融祖付法，为天台宗第四十三代法嗣。平素讲经说法，注疏论著，席不暇暖，尤擅《法华经》，曾被平湖福臻寺敏曦老法师叹为佛门龙象。光绪十一年（1885）在杭州六通寺宣讲《法华经》，讲至《舍利弗授记品》时，于座上寂然入定约一小时，出定后"辩才无碍，答难析疑如瓶泻千里、云叠万重，卷舒自在，莫之能御"。所以十年后来天童道场宣讲《法华经》，盛况可以想见。

此后的所讲佛经，以《楞严经》为主，有记载的讲经僧人有光绪二十二年（1896）寒潮禅师、光绪二十三年（1897）幻人禅师、光绪二十六年（1900）通智禅师、光绪二十九年（1903）祖印禅师、1926年仁山禅师等。圆瑛禅师宣讲了两次，一次在1914年，一次在1932年，即他住持天童禅寺期间。《楞严经》全称《大佛顶如来密因修证了义诸菩萨万行首楞严经》，自唐被译为汉文后，成为汉传大乘佛教的一部重要经典，历代大德无不推崇，甚至有称“经中之王”。《楞严经》历代注疏，多达48种。圆瑛一生著述宏富，有《圆瑛法汇》行世。其中堪称巨著而让他最费心力的，就是《大佛顶首楞严经讲义》，历时半个世纪才完成。所以他讲《楞严经》时，听经学习的人蜂拥而至，讲经时则鸦雀无声。

天童道场的讲经活动，还有光绪三十一年（1905）住持敬安和尚讲《禅林宝训》；宣统二年（1910）道阶禅师宣讲《弥陀经便蒙抄》、《唯识三十论》和《因明》；1925年太虚禅师宣讲《楞伽经》；1949年5月近权法师讲《金刚经》。

与结夏讲经相对应的是结冬禅七。1912年，住持敬安拟定寺规之四云：“常住以宏道为重：春时坐禅，夏季讲经，秋冬加香打七，不可更改”。所谓“打七”，就是“禅七”，为僧人克期取悟之禅会。天童禅寺每冬举行“禅七”仪式。圆瑛禅师有“起七”法语。先说偈语：

太白峰前选佛场，宏开芦鞲事偏忙。煅凡炼圣无他术，但歇心头一点狂。

说毕，击响云板，说“起!”打七就此开始。又有“解七”法语，偈曰：

抖擞精神廿八天，同参父母未生前。忽然悟彻还元旨，雨满千山水满川。

诸上座！克期取证，四七功圆。且道证个甚么？若说有证，未离我相。《圆觉经》云："云何我相？一切众生，心所证者。"若说无证，一番法事，岂成虚设？能向这里检点得出，不妨依旧生涯，随缘度日。其或未然，还须努力。然既如是，即今"解七"一句，且作么生说？（举直指云）千山势到岳边止，万派声归海上消。（喝云）解！

天童禅寺至今坚持举行冬天禅七修行。每年坚持在"三七"（21 天）、"五七"（35 天）乃至"七七"（49 天），方丈和尚带头参加"禅七"开示，领众熏修。每年冬季打弥陀佛七，有四五百位居士参加。

天童禅寺又是设坛传戒、绵衍法流的著名丛林，禅宗龙象，多出门墙。远者则不论，近如中国佛教协会名誉会长应慈，于光绪廿六年（1900）在天童受具足戒；名僧太虚于光绪三十年（1904）在天童受具足戒。1930 年，圆瑛禅师接任住持，十一月，按常例传授千佛大戒，设千僧斋。

传戒开始，香雾缭绕，全国各地寺院 850 余名戒子云集天童，接受 53 天戒期生活。圆瑛禅师上堂说法。

太白毗尼腾会开，千僧围绕千华台。坐微尘里法轮转，惹得虚空笑满腮。

太白巍巍冠海山，红尘飞不到松关。戒坛广开人天集，狮子象王在此间。

诸上座：欲知佛性义，当观时节因缘。时节若至，其理自彰。佛性者，人人本具，个个不无；任从男女老幼、蜎飞蠕动，莫不皆然。良由最初一念妄动，迷真起妄，将佛性埋没在五蕴山中，不得显现。必须心中真如，内熏之因；宣扬戒法，外熏之缘。因缘具足，发启信心，厌生死苦，求涅槃乐，持戒修行，功德满足，佛性方得出缠。故经云："佛子受佛戒，即入诸佛位。"今有本坛弟子，发上品心，求上品戒，行殊胜事，结殊胜缘。敬设千僧如意大斋，财法二施，且道前应斋称赞一句，又作么生举扬呢？（卓拄杖云）

一念不生自性戒，清净无染无挂碍。旷大劫来恒如是，戒光普照尘沙劫。

这次千佛大戒中还有一个小故事。圆瑛度徒明旸只有15岁，要求受戒。但律制规定，须年满20岁才得受比丘戒。天童寺壮严、净心、文质、志恒、宽慈五禅师，从自己年寿中各送明旸一岁，使明旸得受菩萨戒。明旸追随圆瑛至师圆寂，后来当选中国佛教协会副会长，晚年兼主天童禅寺。

此外，在同期受戒僧人中，还有一位日后也成为禅宗龙象的僧人，他就是释觉光（1919～2014），担任香港佛教联合会会长、世界佛教僧伽联合会副会长。1988年觉光法师专程莅临天童禅寺，参贺明旸方丈升座，明旸请他任天童座元和尚。

21世纪的第一次盛大法会交流，是诚信大和尚升座庆典仪式。

2004年12月13日，太白群峰天高云淡，山清水秀；天童道场张灯结彩，梵音悠扬。诚信大和尚进院住持天童禅寺。来

方丈升座法会

自京、闽、浙和台、港、澳100多座寺庙的诸山长老，日本、韩国来宾与省、市、区有关部门领导100余人到寺祝贺，信众近20000人随喜参与盛典。

诚信大和尚首立山门前正中，卓杖云：

> 松关廿里郁苍苍，太白峰前选佛场。不二法门谁共入，心香一瓣献空王。

然后进山门，至弥勒佛前问讯，上香，合掌云：

> 尽把乾坤一袋装，坦怀终日笑人忙。但得身心皆自

在，你胖我瘦有何妨？

再至韦驮菩萨像前，上香，问讯，合掌云：

降魔伏怨是何人？菩萨来当护法神。昔日灵山亲受嘱，慈悲示现将军身。

进入大雄宝殿，上香，问讯，合掌云：

巍巍妙相坐莲台，万德庄严绝点埃。无去无来亦无住，若离非相见如来。

复次，行至观音菩萨前，问讯，上香，合掌曰：

倒驾慈航自在身，三十二应大威神。千江有水千江月，有求必应观世音。

步入法堂，卓杖云：

这个狮子座，佛祖所流传。山僧登演处，广结度人缘。

方丈拈香云：

此一瓣香，先天地而有，超日月之光，爇向炉中，专申供养十方常住三宝，西天东土历代祖师，天下弘宗演教诸大善知识，伏愿佛日增辉，法轮常转，山门清净，海众安和。

此一瓣香，根盘三际，叶茂十方，爇向炉中，端为祝愿：国家昌盛，社会安定，人民富强，家庭快乐，世界太平，干戈永息。

此一瓣香，戒定重修，力用具足，爇向炉中，祝愿光临法会的诸山长老、各位领导、各位法师、各位来宾、各位善智士、各位护法居士，身心康泰，万事如意。

大和尚就座，秉拂三次，卓杖云：

辞别天童廿几秋，因缘具足作重游。此中风物仍如旧，山自青青水自流。

方丈向诸位大德长老、护法居士、领导来宾致辞。礼毕，起座，卓杖云：

禅林千载卓东南，静夜焚香晓放参。认取自家真面目，此生不负丈夫男。

步入丈室，作一偈：

这是维摩丈室，山僧今朝亲入。踞此施行法令，内外悉皆为一。

诚信方丈时年 45 岁，年富力强，学识渊博，视野开阔，非常重视弘扬天童禅宗文化；尤其是作为日本禅宗曹洞宗的祖庭，与对方的交流与研究络绎不绝，成果累累。

从道元参拜如净为师至今，整整 790 年了。日本曹洞宗现已成为该国重要的宗教团体，全宗拥有僧侣 16000 人，信徒 800 万人；有两大本山（高祖道元开创的永平寺和太祖莹山开创的总持寺），一个宗务厅、15000 座寺院。宗门的教学工作，设有驹泽大学、爱知大学、东北福利大学，在东京、仙台、山口设有宗立高校，在北海道设有驹泽大学分校；宗门的文化工作，设有宗务厅出版科，向寺院出版发行月刊《宗报》，向信徒发刊《禅之友》。

日本曹洞宗前来天童参拜祖庭、交流研讨的活动主要有："道元禅师得法灵迹碑"揭碑法会；"如净禅师崇恩碑"和"寂圆禅师参学碑"揭碑法会；横滨鹤见女子高校师生 3000 多人参拜修习；日本日中友好文化交流"裹之船"团举行大型供养仪式等。天童禅寺前往日本交流研讨的活动主要有：日本益田市雪舟之乡纪念馆及雪舟禅师青铜像落成典礼；日本宝庆寺开山寂圆禅师碑落成法会；日本曹洞宗梅花流创立 40 周年纪念全国奉诵大会；日本永平寺福山谛法贯首升座法会；日中禅文化交流会；天童首座修祥法师被日本佛子寺列为开山祖师升座法会等。

世界其他国家佛教界，同样瞩目于天童禅寺的佛禅文化，

日本曹洞宗代表团参拜祖庭

前来参访交流、学习禅修的团体和僧人也是不绝如缕。例如：新加坡佛教总会主席宏船法师一行；美国佛学研究会会长寿冶、美国佛教青年会会长乐度、加拿大佛教会副会长诚祥率领的代表团；韩国佛教访华团；韩国佛教天台守总务院长田种允法师率领的大韩佛教天台宗代表团；等等。

天童禅寺住持诚信也先后出访各国寺院，交流研讨。如参加马来西亚槟城极乐寺建寺101周年暨重建观音大士殿落成庆祝活动；新加坡光明山的短期出家活动；美国纽约佛教总会成立60周年活动；泰国法身寺的托钵共修传灯祈福法会；荷兰禅川寺禅堂落成法会；访问加拿大佛教湛山寺图书馆；等等。这些交流活动可以说是开天童历史之先河。此外，天童禅寺还参加了中国香港佛教联合会佛教论坛、参访中国台湾佛教界、应邀出席澳门佛教功德会、世界佛教论坛等。通过上述系列活动，提高了天童禅寺在海内外的知名度，吸引遍布世界各地的佛教徒前来天童禅寺参访、学习具有悠久辉煌历史的天童禅宗文化。可以说，团体禅文化对内有凝聚力，对外有向心力。

天童道场历史悠久，先后有180多代方丈住持寺院，禅宗文化博大精深、积淀厚重。天童禅寺遵循“取其精华，去其糟粕”的原则，做了大量挖掘、整理的文化工程。如印制并张贴《天童寺管理规章制度》《天童寺规约》《宏智正觉禅师语录》《如净禅师语录》《天童禅寺画册》《天童寺楹联集》《天童禅寺历代住持顶相画集·画像》《圆瑛法师诗文集》《圆瑛法师狮子吼文集》《广修老和尚书法影像画册》等。2012年，方丈诚信大和尚起心动念并身体力行，创办了弘扬佛法的《东南佛国》，通过这一平台，团结了一大批教内高僧、社科工作者和专家学者。现在《东南佛国》名声远扬，读者群分布广泛。

整理历史文化是为了更好地讲经说法，弘扬佛法。天童禅寺僧众长期在宁波市佛教协会四明延庆讲堂、宁波市佛教居士林、天童禅寺法堂、宁波市佛教中青年骨干培训班、鄞州区佛协培训班等场合做佛学讲座。这些弘法之举，得到僧俗两众的高度好评。同时，先后举办了“宏智正觉禅师示寂780周年纪念法会”“如净禅师圆寂820周年禅宗文化交流会暨天童禅寺全寺佛像开光法会”“纪念圆瑛大师圆寂60周年暨天童禅寺历代住持顶相开光法会”。特别是2014年举行的“天童禅宗文化研究交流大会”，来自香港、澳门、台湾及内地各省市，以及海外9个国家的佛教界大德高僧、专家教授500多人参加大会。会后经浙江省民族宗教事务委员会批准，成立了“天童禅宗文化研究交流基地”。

研究交流弘法活动，将使天童禅宗文化历久弥新、影响深远。

附　录

天童禅寺部分住持名录

法　名	住　持　年　代	法　嗣	世　脉
	晋		
义兴	永康元年(300～?)		
	唐		
法璿	开元二十年(732～?)		
昙总	至德二年(757～?)		
观宗	至德元年至至德三年(756～758)	嗣云居智	牛头第九世
清闲	乾元二年(759～?)		
咸启	会昌年间(841～846)	嗣良价	曹洞第二世
藏奂	约大中五年至咸通七年(851～866)	嗣虚默	南岳第四世
	宋		
子凝	咸平年间(998～1003)	嗣契稠	法眼第三世
瑞新	庆历年间(1041～1048)	嗣重善	青原第十世
惟白	起始年代不详,至政和七年(?～1117)	嗣法秀	云门第七世
普交	宣和元年至宣和六年(1119～1124)	嗣应乾	临济第十一世
正觉	建炎三年至绍兴二十七年(1129～1157)	嗣子淳	曹洞第十世

续表

法　名	住　持　年　代	法　嗣	世　脉
法为	绍兴二十七至绍兴二十九年(1157～1159)	嗣正觉	曹洞第十一世
宗珏	绍兴二十九至绍兴三十二年(1159～1162)	嗣清了	曹洞第十一世
昙华	绍兴三十二年至隆兴元年(1162～1163)	嗣绍隆	临济第十三世
了朴	隆兴元年至淳熙九年(1163～1182)	嗣介谌	临济第十三世
咸杰	淳熙十一年至淳熙十三年(1184～1186)	嗣昙华	临济第十四世
从瑾	淳熙十三年至淳熙十六年(1186～1189)	嗣昙贲	临济第十四世
怀敞	淳熙十六年至庆元元年(1189～1195)	嗣从瑾	临济第十五世
净全	绍熙年间(1190～1194)	嗣宗杲	临济第十三世
如琰	嘉定九年至嘉定十一年(1216～1218)	嗣德光	临济第十四世
智颖	嘉定年间(1208～1224)	嗣师体	临济第十四世
了派	嘉定年间(？～1224)	嗣德光	临济第十四世
如净	宝庆元年至绍定元年(1225～1228)	嗣智鉴	曹洞第十三世
自镜	绍定年间(1228～？)	嗣咸杰	临济第十五世
佛光	绍定年间(1228～1233)？	嗣慧祚	曹洞第十三世
智谋	端平年间(1234～1236)	嗣淳庵	
道冲	嘉熙三年至淳祐四年(1239～1244)	嗣道生	临济第十六世
文礼	淳祐年间(1241～1252)	嗣崇岳	临济第十六世
了慧	淳祐十二年至宝祐四年(1252～1256)	嗣师范	临济第十七世
祖智	宝祐四年至景定元年(1256～1260)	嗣师范	临济第十七世

续表

法　名	住 持 年 代	法　嗣	世　脉
居敬	景定四年(1263～?)	嗣师范	临济第十七世
惟一	咸淳九年至祥兴二年(1273～1279)	嗣师范	临济第十七世
	元		
普明	至元年间(1271～1294)	嗣师范	临济第十七世
止弘	至元年间(1271～1294)	嗣广闻	临济第十七世
石门	至元年间(1271～1294)	嗣普济	临济第十七世
德举	至元至大德年间(1271～1307)	嗣佛光	曹洞第十四世
净日	大德四年至大德十一年(1300～1307)	嗣了慧	临济第十八世
妙坦	至大元年(1308～?)	嗣普度	临济第十八世
云岫	皇庆年间(1312～1313)	嗣德举	曹洞第十五世
佛海	泰定年间(1324～1328)		
大奇	泰定至致和年间(1324～1328)	嗣妙高	临济第十七世
如砥	天历二年至至元二年(1329～1336)	嗣净日	临济第十九世
龙门	至正三年至至正五年(1343～1345)		
怀信	至正五年至至正九年(1345～1349)	嗣妙坦	临济第十九世
法庄	至正十三年至至正十五年(1353～1355)	嗣妙坦	临济第十九世
悟光	至正十五年至至正十七年(1355～1357)	嗣永屿	临济第十九世
元良	至正十八年至至正二十三年(1358～1363)	嗣别源	临济第二十世
(了堂)惟一	至正二十四年至明洪武二年(1364～1369)	嗣妙道	临济第十九世
	明		
司聪	洪武二年至洪武六年(1369～1373)	嗣行端	临济第十七世

续表

法 名	住 持 年 代	法 嗣	世 脉
智昌	洪武七年至洪武十一年(1374～1378)	嗣思珉	临济第十八世
希贤	洪武十一年(1378～?)	嗣智及	
仁叟	洪武十一年至洪武十五年(1378～1382)		
自性	洪武十五年(1382～?)	嗣宗泐	临济第十九世
净观	永乐初年(1403～?)	嗣度戒	临济第二十世
祖渊	宣德初年(1426)	嗣幻居	临济第二十世
圆恺	宣德初年(1426)		
宗嗣	正统年间(1436～1449)		
宗正	正统六年(1441)		
盛宁	嘉靖四十三年(1564)	嗣鄮峰	临济第二十七世
因怀	万历十五年(1587)		
传僖	万历三十年(1602)		
慧高	万历四十三年(1615)		
圆悟	崇祯四年至崇祯十五年(1631～1642)	嗣正传	临济第三十世
	清		
道忞	明崇祯十五年至清顺治二年(1642～1645) 又顺治十四年至顺治十六年(1657～1659)	嗣圆悟	临济第三十一世
通容	顺治二年至顺治五年(1645～1648)	嗣圆悟	临济第三十一世
通奇	顺治五年至顺治九年(1648～1652)	嗣圆悟	临济第三十一世
通门	顺治九年至顺治十一年(1652～1654)	嗣圆悟	临济第三十一世
通贤	顺治十一年至顺治十四年(1654～1657)	嗣圆悟	临济第三十一世
本丰	顺治十六年至康熙十年(1659～1671)	嗣道忞	临济第三十二世

续表

法名	住持年代	法嗣	世脉
本晳	康熙十一年至康熙二十五年(1672~1686)	嗣道忞	临济第三十二世
超静	康熙二十五年至康熙二十七年(1686~1688)	嗣本晳	临济第三十三世
元盛	康熙二十七年至康熙三十五年(1688~1696)	嗣本晳	临济第三十三世
本昼	康熙三十五年至康熙四十四年(1696~1705)	嗣道忞	临济第三十二世
超乘	康熙四十四年至康熙五十一年(1705~1712)	嗣本昼	临济第三十三世
元彻	雍正十一年(1733)	嗣灵远	
元日	雍正十二年至乾隆元年(1734~1736)		临济第三十三世
成感	乾隆六年至乾隆十七年(1741~1752)		
成衡	乾隆十七年(1752)		临济第三十四世
成度	乾隆二十一年(1756~?)		临济第三十四世
成眼	乾隆三十年(1765)	嗣元来	临济第三十四世
物度	乾隆三十四年(1769)前后		临济第三十五世
祖元	乾隆四十四年至乾隆四十七年(1779~1782)		
佛才	乾隆四十七年至乾隆五十年(1782~1785)	嗣成眼	临济第三十五世
际龙	乾隆五十一年(1786)		
祖泉	乾隆六十年(1795)		
祖缘	嘉庆六年至嘉庆十年(1801~1805)		
祖参	嘉庆十年(1805)		
先性	嘉庆十四年至嘉庆十七年(1809~1812)		
明然	嘉庆十八年(1813)		

续表

法名	住持年代	法嗣	世脉
满事	道光二年(1822)		
悟净	道光六年(1826)		
明远	道光十年(1830)前后		
英皓	道光十二年至道光十七年(1832~1837)	嗣导琇	临济第三十八世
性涵	道光十八年(1838)		
如渊	道光二十五年(1845)前后		
空传	咸丰九年(1859)前后		
空修	咸丰三年至咸丰六年(1853~1856)	嗣顶超	
真晃	咸丰六年至咸丰九年(1856~1859)		
悟修	咸丰九年至咸丰十一年(1859~1861)		
悟净	咸丰十一年至同治二年(1861~1863)又光绪三年至光绪五年(1877~1879)	嗣英皓	临济第三十九世
一仁	同治四年至同治七年(1865~1868)		
兰斋	同治七年至同治十年(1868~1871)		
小岳	同治十年至同治十三年(1871~1874)		
灵慧	同治十三年至光绪三年(1874~1877)	嗣英皓	临济第三十九世
嗣铣	光绪六年至光绪九年(1880~1883)	嗣定智	
海量	光绪九年(1883)		
悟净	光绪九年(1883)三主本寺,至圆寂		
圣德	光绪十年至光绪十六年(1884~1890)	嗣清玉	

续表

法 名	住 持 年 代	法 嗣	世 脉
宏智	光绪十六年至光绪十九年(1890～1893)	嗣悟净	临济第四十世
空行	光绪十九年至光绪二十一年(1893～1895)		
守传	光绪二十一年至光绪二十四年(1895～1898)	嗣无相真	临济第三十九世
宏辉	光绪二十五年至光绪二十八年(1899～1902)	嗣悟净	临济第四十世
敬安	光绪二十八年至民国元年(1902～1912)	嗣笠云	
	民国		
净心	1913～1919	嗣守传	临济第四十世
文质	1919～1925	嗣守传	临济第四十世
禅定	1925～1930		
圆瑛	1930～1936	嗣灵慧 又嗣达本	临济第四十世； 曹洞第四十六世
大悲	1936～1941		
慧开	1942～1947		
从善	1947年至1949年9月30日		
	中华人民共和国		
从善	1949年10月1日至1955年		
戒清	1955		
宽润	1956～1968	嗣圆瑛	临济第四十一世
广修	1982～1988	嗣义明	临济第四十二世
明旸	1988～2002	嗣圆瑛	临济第四十一世； 曹洞第四十七世
诚信	2004年至今	嗣修祥	临济第四十三世； 曹洞第四十九世

后 记

友人恒章居士要远行，原定由他撰写的《天童禅寺史话》，不期而遇地便交到了我的手上。也许，这就是佛家的缘分吧，但我心怀忐忑。

我的老家就在天童禅寺不远处的东钱湖畔，童稚时，天童禅寺已名扬天下。记得是在 20 世纪 60 年代初，学校搞活动，坐木船到小白岭下河埠头，走完万松大道，蓦然看到“青山捧出梵王宫”，当时对我少年心灵的冲击，倘若用“高大上”来形容，实在是贴切不过。其印象之深刻，过了半个世纪仍记忆犹新，所以我心怀忐忑，怕写不好这本史话，凸显不了早年就已矗立心中的“高大上”。

我心怀忐忑的另一个原因，是对佛学没有研究。记得黄宗羲曾经说过，佛学太过博大精深，怕涉足其中难以自拔而决定不去深入。百科全书式的伟大学者尚且如此，我辈小小文化人岂敢研究？何况天童禅寺经历了 1700 多年的风雨沧桑，湮没其间的佛寺何止千万？而它却是巍然屹立、历久弥新。显然，没有深厚历史底蕴的禅文化作为支撑岂能做到？更显然，没有对天童禅文化的精深研究，岂能写好这本史话？幸运的是，社会科学文献出版社《中国史话》编辑室提供了《中国史话》系列相关书籍，以供参考，使我不至于茫然失措、无从下手，终于幸不辱命。

在撰写过程中，也许我的外行反而成了“第三只眼”，有幸看到禅宗史学家们不曾顾及的角落，发现了一些可以纠正定论的史实。譬如中国禅宗史上有过两次与天童禅寺有关的论争：一次是曹洞宗宏智正觉的“默照禅”与临济宗大慧宗杲的“看话禅”之辩；一次是天童寺住持圆悟与其大弟子法藏的论争以及雍正皇帝借此给予禅宗致命打击的公案。我都依据史实做了陈述，希望能还历史真面目。

当然，我这个外行之所以能顺利完成书稿，离不开天童禅寺僧人和本书编委会的全力支持。特别是住持诚信大和尚的信任与鼓励，使我有了知难而上的勇气和克难攻坚的信心，在此表示衷心感谢。而性愿法师为我提供了种种便利，使书稿能在短时期内迅速完成，也是我所难以忘却的。此外，对于宁波甬太广告文化传播公司彭真先生的有关帮助，社会科学文献出版社责任编辑王玉霞女士的辛勤付出，也在这里一并致谢。

戴光中

2015 年 8 月 28 日

史话编辑部

图书在版编目(CIP)数据

天童禅寺史话/戴光中著. —北京：社会科学文献出版社，2016.3
（中国史话）
ISBN 978-7-5097-8538-6

Ⅰ.①天… Ⅱ.①戴… Ⅲ.①佛教-寺庙-历史-宁波市 Ⅳ.①B947.255.3

中国版本图书馆CIP数据核字（2015）第302756号

"十二五"国家重点图书出版规划项目

中国史话·文化系列
天童禅寺史话

著　　者／戴光中

出 版 人／谢寿光
项目统筹／袁清湘　谢　安　　责任编辑／王玉霞

出　　版／社会科学文献出版社·史话编辑部（010）59367143
地址：北京市北三环中路甲29号院华龙大厦　邮编：100029
网址：www.ssap.com.cn
发　　行／定制出版中心（010）59366509　59366498
市场营销中心（010）59367081　59367018

印　　装／三河市尚艺印装有限公司
规　　格／开 本：889mm×1194mm　1/32
印 张：4.875　字 数：102千字
版　　次／2016年3月第1版　2016年3月第1次印刷
书　　号／ISBN 978-7-5097-8538-6
定　　价／25.00元